Plautilla Brizzolara

Pagine di Concilio

Plautilla Brizzolara

Pagine di Concilio

Itinerario di spiritualità

Edizioni Sant'Antonio

Imprint

Cover image: www.ingimage.com

Publisher:
Edizioni Accademiche Italiane
is a trademark of
International Book Market Service Ltd., member of OmniScriptum Publishing Group
17 Meldrum Street, Beau Bassin 71504, Mauritius

Printed at: see last page
ISBN: 978-613-8-39073-2

INDICE

PRESENTAZIONE

Il 50mo anniversario della conclusione del Concilio Vaticano II (1962-1965), coincidente con l'inizio di un pontificato fortemente innovatore, quale quello di Papa Francesco, ha sollecitato una serie di riflessioni, tanto – con diari, memoriali e simili – da parte dei superstiti testimoni di quell'evento, quanto di studiosi della nuova generazione, quella che ha vissuto più da vicino la stagione post-conciliare. Assai vasto è stato l'ambito all'interno del quale si è svolta questa "rivisitazione"; ma un'importanza non corrispondente alla sua persistente attualità è stata forse accordata al *messaggio spirituale* del Vaticano II, che pure ne costituisce l'anima profonda.

Va dunque salutata con favore questa essenziale ricerca di una studiosa, Plautilla Brizzolara, che ha mostrato di saper conciliare un forte impegno pastorale (è una delle non molte religiose alle quali in Italia sia stata affidata la responsabilità di una parrocchia, i diocesi di Parma) con una assidua fedeltà agli studi, in continuazione con quelli condotti a suo tempo, presso la Pontificia Università Gregoriana, in vista del conseguimento della laurea in teologia.

Data l'appartenenza dell'autrice ad una comunità religiosa ci si poteva attendere che il taglio della riflessione qui proposta sulla spiritualità conciliare fosse incentrato sulle antiche e nuove problematiche di una vita religiosa al femminile che conosce, e non solo in Italia, un sensibile ridimensionamento sul piano numerico, accompagnato per altro ad una forte crescita della *qualità* delle nuove generazioni di consacrate. Non è stato così, invece, e le pagine che seguono hanno inteso "volare alto", per offrire, a partire da una lucida rilettura dei testi conciliari e del successivo magistero pontificio (ma anche di quello episcopale, come evidenziano alcune lucide citazioni di testi del Cardinale Carlo Maria Martini), una riflessione a tutto campo sulle attuali prospettive della spiritualità cristiana. Non poteva comunque mancare un riferimento specifico alla realtà del "mondo femminile", ed al riguardo non è fuori luogo segnalare il breve ma assai denso passo in cui l'Autrice ripercorre (cf cap. V) l'innovativa esperienza delle "uditrici" donne, in relazione ad una coraggiosa scelta di Papa Paolo VI: una presenza femminile che – per la prima volta nella storia dei Concili – ha consentito alle donne (religiose e laiche) di offrire un concreto contributo ai lavori conciliari, a volte con il consenso a volte con le riserve di un *corpus* dei padri conciliari non sempre ben disposto nei confronti di inedite "novità" …

Non è una lettura "al femminile" degli orizzonti della spiritualità cristiana che lo studio qui proposto si prefigge, bensì una rilettura di insieme della proposta, sotto molti aspetti innovatrice, formulata dal Vaticano II.

Punto di partenza delle riflessioni qui condotte sono, evidentemente, i testi conciliari, a partire da quella che può essere considerata la *magna carta* della spiritualità cristiana, e cioè la *Lumen gentium*, documento al quale si fa più volte riferimento, a partire da quello che è il suo nucleo più profondo: il superamento di antiche pareti divisorie in nome della *universale chiamata alla santità;* con il conseguente superamento delle barriere che a lungo avevano separato una componente della Chiesa (i presbiteri, i religiose, le religiose) dalla ben più vasta e numerosa componente rappresentata dai laici (a lungo "sorella minore" rispetto alle "sorelle maggiori"). Di qui il tema, ampiamente affrontato nel presente studio, di una spiritualità cristiana a tutto campo, al di là di antichi e ormai superati schematismi.

A partire dal fondamentale testo della *Lumen gentium* l'Autrice ha sviluppato le caratteristiche degli specifici percorsi verso la santità: una via sola per tutti o cammini differenti a seconda dello specifico stato di vita? La risposta è netta: al di là di distinzioni, che pure permangono ma non devono mai trasformarsi in separazioni, sta una comune "tavola dei valori" alla base della quale stanno l'ascolto della Parola, l'impegno di evangelizzazione, la celebrazione della Liturgia, l'intenso ricorso alla preghiera (temi del resto già ripresi in LG 42): è partendo di qui che il cristiano è chiamato a percorrere le "tre vie" alla santità indicate da Paolo VI, e cioè: "coscienza, rinnovamento, dialogo". Finisce, in questa prospettiva, la quasi bimillenaria identificazione tra "stato di perfezione" e vita religiosa ed inizia il tempo della "santità" aperta a tutti, perseguibile da tutti.

Non manca qui un significativo cenno alle implicazioni che questa nuova visione della santità ha in ordine al dialogo ecumenico, dato che l'appello alla santità può partire dalla riproposizione della grazia battesimale che il testo conciliare sull'ecumenismo sviluppa con abbondanza, a partire dalla fondamentale affermazione secondo la quale a fondamento di ogni percorso verso la santità sta il Battesimo, a tutti comune (UR 22). Questa sottolineatura apre interessanti orizzonti al dialogo ecumenico.

Se si volesse sintetizzare, in termini essenziali, il significato di queste dense pagine, lo si potrebbe percepire come un forte invito a riprendere il cammino aperto dal Vaticano II e che talvolta si è trasformato in un "cammino interrotto". Immergersi nei testi conciliari e nel magistero pontificio che lo ha ripreso e sviluppato – come appunto fa l'Autrice – è già, di per sé, un fattore immunizzante contro il rischio dello sconforto e del pessimismo. Che i santi vi siano ancora, e sempre, attesta che Dio non ha abbandonato gli uomini, anche nei tragici momenti in cui le ombre sembrano eclissare le luci. La santità cristiana, quella alta e quella umile, continua il suo cammino: vi saranno sempre quei "dieci uomini" (e donne) che – come ricorda un luminoso testo biblico – ancora e in qualunque stagione della storia, "salvano la città" (Gn 18,32).

Giorgio Campanini

Introduzione

Il breve testo che avete tra le mani vi propone qualche pagina tra le molte e impegnative che compongono il Corpus del Concilio Vaticano II, che la Chiesa cattolica ha celebrato dal 1962 al 1965. L'obbiettivo è il desiderio che l'esperienza narrata in quei testi continui a vivere nelle nostre comunità e nella vita credente di ciascuno di noi. L'intento di questa rivisitazione non è pertanto quello di addentrarsi sulle delicate questioni ermeneutiche circa la comprensione e recezione dei testi conciliari, quanto quella di offrire alcune suggestioni per una rilettura in chiave di spiritualità vocazionale di alcuni tratti dei testi conciliari stessi.

Desidero proporvi di sfogliare pagine di Concilio, come un diario della nostra famiglia, la Chiesa, che ha scritto con impegno le memorie di un incontro, sconvolgente, con lo Spirito Santo. Lo facciamo con l'animo di figli che non vogliono dimenticare, che si raccolgono nell'intimità, senza i microfoni dei convegni. Lo facciamo come la donna della terra di Canaan: ci bastano le briciole (cf. Mc 7). E sono proprio le briciole del pane buono della vocazione che vogliamo raccogliere dai panieri traboccanti dei testi conciliari .

In una delle prime omelie in santa Marta – il 16 aprile 2013 – mentre commentava un passo degli Atti degli apostoli, papa Francesco portò come esempio l'esperienza conciliare. Chiese: «Dopo 50 anni, abbiamo fatto tutto quello che ci ha detto lo Spirito Santo nel Concilio? In quella continuità della crescita della Chiesa che è stato il Concilio?». E mise poi in guardia dal pericolo di celebrazioni formali: «Festeggiamo questo anniversario, facciamo un monumento, ma che non dia fastidio. Non vogliamo cambiare. Di più: ci sono voci che vogliono andare indietro. Questo si chiama essere testardi, questo si chiama voler addomesticare lo Spirito Santo, questo si chiama diventare stolti e lenti di cuore. [...] Succede lo stesso - ha proseguito il Papa - anche nella nostra vita personale»: infatti, «lo Spirito ci spinge a prendere una strada più evangelica», ma noi resistiamo. Questa l'esortazione finale: «non opporre resistenza allo Spirito Santo. È lo Spirito che ci fa liberi, con quella libertà di Gesù, con quella libertà dei figli di Dio! Non opporre resistenza allo Spirito Santo: è questa la grazia che io vorrei che tutti noi chiedessimo al Signore; la docilità allo Spirito Santo, a quello Spirito che viene da noi e ci fa andare avanti nella strada della santità, quella santità tanto bella della Chiesa. La grazia della docilità allo Spirito Santo». Spirito Santo e vocazione: le due lenti per leggere pagine di Concilio.

Buona lettura
Plautilla Brizzolara

CAPITOLO 1

LA PAROLA DI DIO COMPIA LA SUA CORSA

La prima pagina non può che essere tratta dal testo che fa da base a tutto l'edificio conciliare, quella promulgata il 18 novembre 1965 (con ben 2344 voti a favore e solo 6 contrari): La costituzione dogmatica sulla divina Rivelazione, *Dei Verbum*.

Può essere utile a comprenderne la portata presentarne brevemente l'iter di redazione e approvazione, particolarmente laborioso. Uno schema *De fontibus revelationis* venne proposto al Concilio il 14 novembre 1962 (19ª congr. gen.) e discusso fino al 21 novembre. Messo ai voti il quesito: se si ritenesse opportuno procedere all'esame dei singoli capitoli, 1.368 Padri espressero parere negativo, 822 furono per il sì, 19 voti furono nulli. Non essendo stati raggiunti i due terzi necessari per respingere il testo, giuridicamente il dibattito sarebbe dovuto continuare, anche se di fatto la maggioranza era contraria. Giovanni XXIII sciolse la questione disponendo che il testo fosse ritirato per essere rielaborato da una speciale Commissione mista, presieduta dai cardinali Ottaviani e Bea, e composta di 6 cardinali nominati dal Papa, da tutti i membri della Comm. dottrinale e da tutti i Padri conciliari che erano anche membri o consultori del Segretariato per l'unione dei cristiani. Questa Commissione mista mise a punto il nuovo schema *De divina revelatione*, del quale il 23 aprile 1963 Giovanni XXIII autorizzò l'invio ai Padri. Da questo momento la Commissione mista non si occupò più dello schema, lasciandone ogni cura alla sola Comm. dottrinale. Paolo VI lasciò che il Concilio discutesse ampiamente il nuovo testo, dal 30 settembre al 6 ottobre 1964; la Commissione dottrinale lo ritoccò sulla scorta delle osservazioni ricevute per iscritto o fatte in aula, ed alla vigilia della chiusura del terzo periodo conciliare i Padri ebbero tra le mani il *textus emendatus*. Per mancanza di tempo le relative votazioni vennero rimandate all'anno successivo, cioè al quarto periodo dei lavori del Concilio.

Chiesa che ascolta

Dio nel suo grande amore parla agli uomini come ad amici per invitarli ... (DV 2) Se così la *Dei Verbum* tratteggia l'agire di Dio, un Dio che per amore si fa dialogo, si fa invito, allora la comunità non può che farsi ascolto, risposta. E proprio con il richiamo al "religioso ascolto della parola di Dio" si apre il Proemio della Costituzione che fa proprie le parole dell'apostolo Giovanni: *Annunziamo a voi la vita eterna, che era presso il Padre e si manifestò a noi: vi annunziamo ciò che abbiamo veduto e udito, affinché anche voi siate in comunione con noi, e la nostra comunione sia col Padre e col Figlio suo Gesù Cristo* (1 Gv 1,2-3)

Già nella scelta di questo testo dell'apostolo Giovanni i padri conciliari ci fanno intuire che esiste un misterioso e fecondo rapporto tra Rivelazione, Parola di Dio, trasmissione della Rivelazione, Scrittura. Ci presentano la Parola di Dio come l'atto stesso del rivelarsi di Dio a noi, il suo conversare con noi con eventi e parole (DV 2). Da qui la necessità di riconoscerne il primato nella vita credente. Ma cosa significa riconoscere un tale primato? Per chiarirlo ai giovani della sua diocesi, a 20 anni dal Vaticano II, il cardinal Carlo Maria Martini ebbe a dire:

> "Il primato della Parola è la quintessenza della Rivelazione, è il primato di Dio, del suo rivelarsi, del suo comunicarsi, del suo manifestarsi! [...] Se il mondo esiste, se noi esistiamo, se abbiamo uno scopo, una speranza è perché Dio parla e si comunica. La Parola è la persona vivente, non una cosa astratta, formale. E' anzitutto il Cristo, piena rivelazione del Padre, e poi è l'intera economia di mediazione che Dio ha suscitato e suscita per trasmettere il suo messaggio, per comunicare agli uomini se stesso ed anche la coscienza della nostra identità, per spingerci ad assumere le responsabilità della nostra vocazione"[1].

La spiritualità che scaturisce dall'offrire il primato alla Parola è, dunque, eminentemente "vocazionale", poiché sgorga dalla consapevolezza che il Padre ha una Parola eterna da dirci e da darci come comunicazione della nostra stessa identità, una Parola viva che si fa incontro:

> La Bibbia non solo contiene, ma è la Parola di Dio che risuona nella Chiesa e nella storia, nutre il fedele che l'ascolta in umiltà e obbedienza, lo incoraggia, lo conforta, lo illumina così come lo nutre lo incoraggia, lo consola, lo conforta il Corpo sacramentale di Cristo [...] Di qui l'incomparabile dignità della Scrittura che giustamente è paragonata al Corpo di Cristo: "La Chiesa ha

[1] C.M. MARTINI, *Parole sulla Chiesa. Meditazioni sul Vaticano II*, Piemme, Milano 2005 (3ed.) 36-37

> sempre venerato le divine Scritture come ha fatto per il Corpo stesso del Signore" (DV 21)[2]

A questa Parola non si può rispondere che ascoltando, meglio, ubbidendo:

> A Dio che rivela è dovuta « l'obbedienza della fede» (Rm 16,26; cfr. Rm 1,5; 2 Cor 10,5-6), con la quale l'uomo gli si abbandona tutt'intero e liberamente prestandogli « il pieno ossequio dell'intelletto e della volontà » e assentendo volontariamente alla Rivelazione che egli fa. (DV 5)

Una persona libera, nella pienezza d'assenso offerto con larga intelligenza, con compiutezza di volontà, con docilità interiore: così ci appare l'antropologia del credente che nasce dall'ascolto della Parola. La Costituzione conciliare conduce al cuore della nostra fede, a riconoscerci nel percorso stesso di Abramo, dei patriarchi, di Mosè, dei profeti (DV 3). Un percorso che culmina nell'incontro con il Signore Gesù, Verbo eterno che dimora tra noi e ci spiega i segreti di Dio (DV 4).

Chiesa che risponde

I segreti si scambiano tra amici. Il Maestro ci ha chiamato amici: per questo ci ha reso partecipi dei segreti eterni che dimorano nel cuore della Trinità. La comunicazione di un tale, prezioso, tesoro, rende amici tra loro anche quanti ne sono resi partecipi. Potremmo vedere un traboccare della Parola che, sgorgando dalla Trinità, attraverso i patriarchi e i profeti giunge fino alla Chiesa, agli apostoli che hanno accolto il comando di Cristo, a quanti hanno messo per iscritto il messaggio della salvezza e, di testimonianza in testimonianza, fino ai vescovi e ai fedeli di ogni tempo:

> Questa sacra Tradizione e la Scrittura sacra dell'uno e dell'altro Testamento sono dunque come uno specchio nel quale la Chiesa pellegrina in terra contempla Dio, dal quale tutto riceve, finché giunga a vederlo faccia a faccia, com'egli è. (DV 7)

La Chiesa pellegrina in terra: una Chiesa, cioè, che nel corso della storia non ha mai cessato di tendere verso la pienezza della verità:

> Questa Tradizione di origine apostolica progredisce nella Chiesa con

[2] C.M.MARTINI, *ivi*

> l'assistenza dello Spirito Santo : cresce infatti la comprensione, tanto delle cose quanto delle parole trasmesse, sia con la contemplazione e lo studio dei credenti che le meditano in cuor loro (cfr. Lc 2,19 e 51), sia con la intelligenza data da una più profonda esperienza delle cose spirituali, sia per la predicazione di coloro i quali con la successione episcopale hanno ricevuto un carisma sicuro di verità. Così la Chiesa nel corso dei secoli tende incessantemente alla pienezza della verità divina, finché in essa vengano a compimento le parole di Dio. (DV 8)

La Chiesa può rispondere al suo Signore solo se resta pellegrina, come l'antico Israele; solo se resta vergine, come la madre del Signore che ne custodisce silenziosamente i misteri. In una tale povertà il difficile equilibrio tra continuità ed evoluzione diviene possibile e, nel mutare delle situazioni, ogni credente può illuminare la propria vita con la luce della fede, che trova alimento sempre nuovo nel dinamismo della trasmissione della rivelazione. La Tradizione, così intesa, diviene corrente vitale che proviene dallo Spirito Santo in cui ogni battezzato è chiamato ad immergersi quotidianamente.

Affidarsi alla Parola per vivere la propria vocazione

I padri conciliari hanno dedicato il Capitolo VI della costituzione alla Sacra Scrittura nella vita della chiesa esprimendo, con intensità, la certezza che:

> Nella parola di Dio è insita tanta efficacia e potenza, da essere sostegno e vigore della Chiesa, e per i figli della Chiesa la forza della loro fede, il nutrimento dell'anima, la sorgente pura e perenne della vita spirituale (DV 21)

Possiamo individuare una serie di consigli rivolti alle diverse vocazioni nella Chiesa, nel rispetto delle responsabilità e dei servizi che competono a ciascuna di esse.

Anzitutto un'attenzione per chi ha ricevuto il carisma e la vocazione a dedicarsi allo studio delle scienze bibliche. Essi devono aiutare la Chiesa *a raggiungere una intelligenza sempre più profonda delle sacre Scritture, per poter nutrire di continuo i suoi figli con le divine parole*. (DV 23)

Per questo:

> Il santo Concilio incoraggia i figli della Chiesa che coltivano le scienze bibliche, affinché, con energie sempre rinnovate, continuino fino in fondo il lavoro felicemente intrapreso con un ardore totale e secondo il senso della Chiesa. (DV 23)

Ai biblisti si chiede di "continuare fino in fondo" quasi che il concilio temesse un affievolirsi di slancio, una perdita di quell'ardore iniziale con cui avevano intrapreso il loro lavoro. Si direbbe che la vocazione dello studioso abbia bisogno di un supplemento di perseveranza! Sulla stessa lunghezza d'onda le raccomandazioni ai teologi: *sia dunque lo studio delle sacre pagine come l'anima della sacra teologia* (DV 24).

Il n° 25 prosegue poi rivolgendosi principalmente ai sacerdoti che si dedicano al ministero della parola (*nella quale l'omelia liturgica deve avere un posto privilegiato*) a trovare *in questa stessa parola della Scrittura un sano nutrimento e un santo vigore*. Si tratta di una vocazione che, posta a servizio della Parola, deve nutrirsi di essa, come il profeta che la divora con avidità. Anche i diaconi e i catechisti sono coinvolti in questa risposta di fedeltà che deve conservare *un contatto continuo con le Scritture mediante una lettura spirituale assidua e uno studio accurato, affinché non diventi un vano predicatore della parola di Dio all'esterno colui che non l'ascolta dentro di sé.*

Il pressante invito viene poi rivolto a tutti i fedeli e, tra essi, soprattutto ai religiosi ai quali è chiesto di *apprendere la sublime scienza di Gesù Cristo (Fil 3,8) con la frequente lettura delle divine Scritture. L'ignoranza delle Scritture, infatti, è ignoranza di Cristo*(DV 25).

Liturgia, lettura, studio, soprattutto preghiera sono gli strumenti, o i luoghi, in cui attingere la novità e la freschezza della parola. L'obiettivo finale, infatti, è ascoltare e rispondere: *si stabilisca il dialogo tra Dio e l'uomo; poiché quando preghiamo, parliamo con lui; lui ascoltiamo, quando leggiamo gli oracoli divini*. (DV 25)

Conclusione

Il dono grande che la costituzione *Dei Verbum* è stata per la Chiesa "deve essere posto a verifica dell'attuazione delle indicazioni conciliari – scriveva il Papa Benedetto XVI nell'esortazione post-sinodale *Verbum Domini* – anche per affrontare le nuove sfide che il tempo presente pone ai credenti in Cristo".[3]

Una verifica è sempre opportuna anche per vagliare gli itinerari vocazionali che offriamo ai giovani. Nessun animatore tralascia la Parola di Dio, ma possiamo dire compiuto l'auspicio con cui termina la *Dei Verbum*: *il tesoro della rivelazione, affidato alla Chiesa, riempia sempre più il cuore degli uomini* (DV 26)? Possiamo dire che ogni consacrato, ogni presbitero sia *quotidianamente convinto* che l'ignoranza delle Scritture è ignoranza di Cristo, come afferma Girolamo? Auguriamoci che: *con la lettura e lo studio dei sacri libri la parola di Dio compia la sua corsa e sia glorificata* (2 Ts 3,1) anche nelle nostre vite e nelle nostre comunità.

[3] BENEDETTO XVI, *Esortazione apostolica post-sinodale Verbum Domini*, 3.

CAPITOLO 2

NOI SIAMO DIVINAMENTE CHIAMATI DA CRISTO

Introduzione

La seconda pagina che vogliamo aprire, dello stupendo Libro conciliare, è quella della Liturgia. Pagina essenziale ed impegnativa per comprendere l'intima vocazione della chiesa e, in essa, di ciascuno di noi.

Siamo consapevoli, come scrive Tomatis, che "il presente parla di una riforma liturgica ancora in cammino, in fase di approfondimento, non senza difficoltà e titubanze. Le difficoltà stanno nel comprendere la singolare risorsa dell'agire rituale cristiano, non riducibile a semplice occasione pastorale per incontrarsi in comunità e parlare di Dio. Le titubanze compaiono nelle nostalgie, minoritarie ma rumorose, del rito tridentino. Il recente riconoscimento papale dei diritti di cittadinanza dell'antico rito nella vita liturgica della chiesa latina porta sul terreno molto concreto della liturgia i grandi dibattiti intorno alla recezione e alla comprensione del Concilio tra lettera e spirito, e tra continuità e discontinuità rispetto alla tradizione." [4].

La Costituzione *Sacrosanctum Concilium* fu la prima delle Costituzioni ad essere approvata, proprio in chiusura della seconda sessione, il 4 dicembre 1963. La scelta di iniziare dalla Liturgia era suffragata dalla mole delle proposte inviate alla Commissione preparatoria, che costituivano il 20% delle segnalazioni. Inoltre il lungo cammino percorso dal movimento liturgico aveva consentito di elaborare uno schema sufficientemente maturo. Ciò non significa che le discussioni, all'interno dell'aula, non siano state vivaci. Papa Polo VI, nella presentazione che fece della Costituzione all'interno del Discorso di chiusura della seconda sessione, affermava: "Non è stata senza frutto l'ardua e intricata discussione, se uno dei temi, il primo esaminato e il primo, in un certo senso, nell'eccellenza intrinseca e nell'importanza per la vita della Chiesa, quello su la Sacra Liturgia, è stato felicemente concluso".

Nel fatto che fosse la prima ad uscire dalle mani e dal cuore dei padri conciliari,

[4] Un tale spettro di problematiche, tutta via esula dalla nostra semplice riflessione. CfrP. TOMATIS, *Una liturgia per il popolo di Dio*, in L. ROLANDI (a cura di) *Il futuro del Concilio*, Effatà, Torino 2012, p. 48.

Paolo VI ravvisava una scelta di valore:

> In questo fatto ravvisiamo infatti che è stato rispettato il giusto ordine dei valori e dei doveri: in questo modo abbiamo riconosciuto che il posto d'onore va riservato a Dio; che noi come primo dovere siamo tenuti ad innalzare preghiere a Dio; che la sacra Liturgia è *la fonte primaria* di quel divino scambio nel quale ci viene comunicata la vita di Dio, è *la prima scuola* del nostro animo, è il *primo dono* che da noi dev'essere fatto al popolo cristiano, unito a noi nella fede e nell'assiduità alla preghiera; infine, il *primo invito* all'umanità a sciogliere la sua lingua muta in preghiere sante e sincere ed a sentire quell'ineffabile forza rigeneratrice dell'animo che è insita nel cantare con noi le lodi di Dio e la speranza degli uomini, per Gesù Cristo e nello Spirito Santo[5].

Paolo VI commenta in termini di profonda spiritualità quanto SC 10 indica come "culmine e fonte" attribuendo all'azione liturgica una priorità che scaturisce dall'azione stessa di Dio che santifica il proprio popolo. Una scuola, quella della liturgia, che plasma l'essere del credente, ma non solo. La liturgia viene descritta anche come "appellante": chiamata all'umanità intera *a sciogliere la sua lingua muta.* Si potrebbe affermare che la dinamica dialogica della liturgia venga additata come paradigma della vita credente che si lascia coinvolgere nell'esperienza di Dio e desidera coinvolgere nello stesso mistero quanti, lontani da Dio, hanno smarrito le parole per rivolgersi a Lui.

Cristo principio, guida e via, speranza e meta

Ci soffermiamo sul Discorso iniziale della seconda sessione, perché in esso la dimensione cristica e liturgica pervade le affermazioni montiniane, fin dalle domande iniziali:

> *Da dove* prenderà l'avvio, Venerabili Fratelli, il nostro cammino? E poi *che via* si dovrà seguire...? Infine, *quale traguardo* si dovrà prestabilire al nostro percorso? Queste tre domande, che all'intelletto sono così elementari ma sono

[5] PAOLO VI, *Discorso di chiusura seconda sessione Concilio ecumenico vaticano II*, 4 dicembre 1963, 11, in www. vatican.va

della massima gravità, hanno *un'unica risposta*, che abbiamo ritenuto di doverci ribadire in quest'ora solenne e in quest'assemblea e proclamare al mondo intero: che cioè *Cristo*, diciamo Cristo, è il nostro principio, Cristo è la nostra guida e la nostra via, Cristo è la nostra speranza e la nostra meta[6].

Cristo il nostro principio, Cristo la nostra guida e la nostra via, Cristo la nostra speranza e la nostra meta: la polarizzazione cristocentrica dell'itinerario tracciato dal Papa al Concilio è indubbia. Essa è inscindibilmente unita alla riflessione sulla liturgia, poiché riflettere sulla Chiesa in dimensione liturgica è lasciarsi coinvolgere nel mistero della Pasqua di Cristo. Un mistero che il pontefice desidera rivivere unitamente a tutti i padri conciliari:

> Fossimo Noi capaci di alzare al Signore Nostro Gesù Cristo, in quest'ora storica, una voce degna di lui! Facciamo qui nostre le parole della Sacra Liturgia: "Riconosciamo solo te, o Cristo; - con mente pura e semplice - ti chiediamo piangendo e cantando: - Ascolta le nostre invocazioni!" (*Breviario Romano*, Inno alle Lodi del mercoledì [nella *Liturgia delle Ore*, alla I e III settimana del Salterio, con modifiche]).
>
> Nel pronunciare queste parole, davanti ai nostri occhi attoniti e trepidanti sembra stagliarsi Gesù stesso, imponente di quella grandiosa maestà di cui rifulge il Pantocrator nelle vostre Basiliche, Venerabili Fratelli delle Chiese Orientali, ed anche in quelle occidentali. Noi sembriamo quasi rappresentare la parte del nostro Predecessore Onorio III che adora Cristo, come è raffigurato con splendido mosaico nell'abside della Basilica di San Paolo fuori le Mura. Quel Pontefice, di proporzioni minuscole e con il corpo quasi annichilito prostrato a terra, bacia i piedi di Cristo, che, dominando con la mole gigantesca, ammantato di maestà come un regale maestro, presiede e benedice la moltitudine radunata nella Basilica, che è la Chiesa. E questa scena Ci sembra essere riprodotta, non già in un'immagine dipinta sul muro con linee e colori, ma reale, in questa nostra assemblea, che riconosce Cristo come principio e sorgente da cui provengono la Redenzione umana e la Chiesa; che similmente riconosce la Chiesa come emanazione terrestre e misteriosa e

[6] PAOLO VI, *Discorso di apertura seconda sessione Concilio ecumenico vaticano II*, 29 settembre 1963, 3, in www. vatican.va

> prolungamento dello stesso Cristo; sicché è come se gli occhi della nostra mente fossero sfiorati da quella visione dell'Apocalisse che l'Apostolo Giovanni descrive con queste parole: "Mi mostrò poi un fiume d'acqua viva, limpida come cristallo, che scaturiva dal trono di Dio e dell'Agnello" (*Ap* 22,1)[7].

Non possiamo restare indifferenti ad un quadro così vivido ed intenso in cui viene dipinta l'esperienza che ciascuno vive all'interno dell'assemblea liturgica. Non sono, infatti, solo i padri conciliari che Paolo VI, in questa sua visione escatologica, presenta, ma tutta la Chiesa. E riesce dunque spontaneo domandarci se le nostre assemblee conservano un tale stupore estatico di fronte al mistero celebrato; se i fedeli, soprattutto i nostri giovani, possono percepire la presenza di un Dio che ha bisogno non di "immagini dipinte sul muro", ma di persone vive e dialoganti.

Divinamente chiamati da Cristo

La riflessione di papa Montini si approfondisce, esplicitando la dinamica vocazionale insita nella propria visione di Chiesa celebrante e dichiara che "noi siamo divinamente chiamati da Cristo"... :

> A Noi sembra assai opportuno che questo Concilio prenda l'avvio da quell'immagine, meglio ancora da questa mistica celebrazione. Questa celebrazione infatti proclama che il Signore Nostro Gesù Cristo è il Verbo incarnato, Figlio di Dio e Figlio dell'uomo, Redentore del mondo, cioè speranza del genere umano e suo unico Maestro, Pastore, Pane di vita, nostro Pontefice e nostra Vittima, unico Mediatore tra Dio e gli uomini, Salvatore della terra, che sarà Re nei secoli eterni; e questa medesima celebrazione dichiara che *noi siamo divinamente chiamati da Cristo,* siamo suoi discepoli, apostoli, testimoni, ministri, rappresentanti; e insieme agli altri fedeli sue membra vive, che confluiscono in quell'immenso ed unico Corpo mistico che egli, per mezzo della fede e dei sacramenti, si edifica continuamente nelle generazioni umane; parliamo della sua Chiesa, che è società spirituale e visibile, fraterna e gerarchica, temporale nel presente, ma un giorno

[7] *Ivi*, 5.

> permanente in eterno[8].

Siamo di fronte ad un commento "dall'interno" della Costituzione liturgica in cui si legge

> Per realizzare un'opera così grande, Cristo è sempre presente nella sua Chiesa, e in modo speciale nelle azioni liturgiche.[...] Effettivamente per il compimento di quest'opera così grande, con la quale viene resa a Dio una gloria perfetta e gli uomini vengono santificati, Cristo associa sempre a sé la Chiesa, sua sposa amatissima, la quale l'invoca come suo Signore e per mezzo di lui rende il culto all'eterno Padre. (SC 7)

La dinamica con cui il Cristo chiama-associa a sé la propria sposa rende i credenti *apostoli per vocazione*, poiché è la celebrazione stessa che li introduce nella pressante carità di Cristo:

> la liturgia *spinge* i fedeli, nutriti dei « sacramenti pasquali », a vivere « in perfetta unione »; prega affinché « esprimano nella vita quanto hanno ricevuto mediante la fede »; la rinnovazione poi dell'alleanza di Dio con gli uomini nell'eucaristia *introduce i fedeli nella pressante carità di Cristo* e *li infiamma* con essa. (SC 10)

Rileggere queste pregnanti espressioni ci fa cogliere come la conseguente insistenza a che i fedeli "vengano formati a quella piena, consapevole e attiva partecipazione alle celebrazioni liturgiche" (SC 14) che scaturisce dalla loro vocazione battesimale, sia stata spesso disattesa, scadendo in un attivismo sterile. La vocazione a partecipare va riscoperta nelle nostre attenzioni vocazionali, riscoperta come esigenza di intima esperienza del mistero celebrato per essere vissuto.

---

[8] *Ivi*, 6.

Conclusione

Raccogliamo le intuizioni che ci sono giunte dalla pagina della *Sacrosanctum Concilium,* filtrata alla luce del magistero di Paolo VI, lasciandoci provocare dal sogno del Concilio tracciato da Cettina Militello:

> La Chiesa che vorrei è una Chiesa che a tutto antepone la sua coscienza di soggetto celebrante. Il che vuol dire consapevolezza della sua identità di raduno.[...]
>
> La Chiesa che vorrei è una Chiesa che raccogliendosi sappia d'essere popolo santo, popolo d'acquisto, popolo di re, sacerdoti, profeti.
>
> La Chiesa che vorrei è quella che nel celebrare i misteri manifesti con chiarezza che nell'azione liturgica non ci sono spettatori ma soggetti, soggetti attivi, ministri. [...]
>
> La Chiesa che vorrei è viva, partecipe, consapevole del suo diritto nativo e inalienabile alla lode come alla parola, al prendersi cura. [...]
>
> La Chiesa che sogno non solo attesta la pluralità dei compiti e dei soggetti (uomini e donne / adulti e giovani / ricchi e poveri / sani e malati), ma mostra il legame vitale tra la celebrazione e la vita, senza fughe individualiste, devote e silenziose. [...]
>
> La Chiesa che sogno ... canta in polifonia d'universo, in tutte le lingue del mondo ... unicamente protesa a far memoria del Signore Gesù, del suo stare con i suoi, del suo darsi per noi, rendendolo intelligibile e sperimentabile a quanto gli sono lontani per latitudine o longitudine, siano esse dimensioni geografiche o temporali.[9]

[9] CETTINA MILITELLO, *Il sogno del Concilio*, EDB, Bologna 2010, pp. 30-32.

CAPITOLO 3

SCANDALO E DESIDERIO: L'UNITÀ

Chiamati ad ascoltare, chiamati a celebrare. Ancora, chiamati all'unità, chiamati alla comunione, al dialogo: questo il nostro terzo passo per riascoltare il messaggio conciliare in ottica vocazionale. Richiamiamo solamente il versetto 21 del capitolo 17 dell'evangelo di Giovanni "tutti siano una cosa sola" che viene chiamato "l'imperativo ecumenico": accoglierlo non è opzionale! Disattenderlo è oscurare il cuore della vocazione e della missione della Chiesa che nel testo conciliare afferma di voler proporre a tutti i cattolici gli aiuti, gli orientamenti, e i modi, con i quali possano essi stessi *rispondere a questa vocazione* e a questa grazia divina[10].

L'urgenza di rispondere a questa primigenia vocazione viene ribadita come uno degli scopi principali del Concilio stesso, come leggiamo sempre nel Proemio del Decreto UR: " Il ristabilimento dell'unità da promuoversi fra tutti i cristiani è uno dei principali scopi del sacro sinodo ecumenico Vaticano II ... [la divisione] da un lato contraddice apertamente alla volontà di Cristo, dall'altro è di scandalo al mondo e danneggia la santissima causa della predicazione del vangelo ad ogni creatura."[11]

I due pontefici che hanno guidato i lavori conciliari sono stati attraversati dalla sofferenza per la divisione. È per questo che vogliamo riflettere su questa dimensione della vocazione cristiana attraverso gli occhi di Giovanni XXIII e Paolo VI che hanno reso possibile continuare a sentire il dramma della divisione come ineludibile chiamata all'unità.

Papa Giovanni XXIII: il cuore oltre l'ostacolo.

È indubbio che il Vaticano II abbia segnato un momento di svolta radicale nella teologia e nella pastorale della Chiesa cattolica, anche per quanto concerne l'ecumenismo. Se si può affermare che l'interesse per l'unità dei cristiani sia via via emerso a partire dagli inizi del 1900, si deve anche notare che la riflessione era sempre connotata dalla categoria di "scisma" nei confronti delle Chiese Orientali, e di

[10] CONCILIO VATICANO II, *Unitatis redintegratio*, *Proemio*, 1.

[11] *Ibid.*

"eresia" per le comunità della Riforma. Anche le richieste che, nella fase preparatoria del Concilio, erano giunte da parte dei vari episcopati non avevano evidenziato l'urgenza di porre la questione ecumenica tra le principali. Negli studi specialistici si giunge ad affermare che: "il male della Chiesa divisa era ormai così endemico nella sua cronicità, da non essere più ritenuto tale."[12]

Nonostante queste premesse, la votazione del Decreto sull'Ecumenismo del 21 novembre 1964 registrò una quasi unanimità: su 2156 padri solo 11 sono stati i voti contrari. Come si giunse ad un tale risultato?

Indubbiamente la svolta ha un volto e un nome: Giovanni XXIII. Egli ha posto la questione dell'unione al centro del futuro Concilio come già rivelava nel radiomessaggio natalizio del 1968. Nella questione dell'unità, infatti, egli ravvisava come una "vocazione divina... intesa agli interessi di ordine spirituale" ma che desiderava "rivolta anche alla ricomposizione delle differenti razze e nazioni egualmente intese a propositi di sociale convivenza, segnati dalle leggi della giustizia, e dalla fraternità." E proseguiva: "La tristezza di questa dolorosa constatazione non arresta, né arresterà, confidiamo in Dio, lo sforzo della nostra anima nel proseguire l'invito amorevole a quei nostri cari fratelli separati, che pur recano in fronte il nome di Cristo, ne leggono il Vangelo santo e benedetto, non sono insensibili alle ispirazioni della pietà religiosa, e della carità benefica e benedicente"[13].

L'invito a cui allude papa Giovanni svela il desiderio di una ricomposizione attorno all'unico pastore (il pontefice) tuttavia il radiomessaggio evidenzia anche il superamento di forme di pregiudizio e di condanna nei confronti degli altri credenti in Cristo. Egli si pone in quella riflessione ecumenica che si definiva "dell'ovile aperto", ma forse nel suo cuore andava oltre, almeno a giudicare da quanto disse agli Osservatori non cattolici all'apertura del Concilio: "... vogliate leggere nel mio cuore: vi troverete qualcosa di più che non nelle mie parole."

Alcune scelte compiute da Papa Roncalli possono essere lette come esplicitazione di questo suo "cuore segreto." Anzitutto il *Motu proprio* con cui istituì il Segretariato

---

[12] G. PATTARO, *Corso di teologia dell'ecumenismo*, Queriniana, Brescia 1992^2, p. 114.

[13] GIOVANNI XXIII, *Radiomessaggio a tutto il mondo in occasione del Natale 1958*, www.vatican.va.

per l'Unione dei Cristiani[14]: "per mostrare in maniera speciale il nostro amore e la nostra benevolenza verso quelli che portano il nome di Cristo ma sono separati da questa sede apostolica, così che possano seguire i lavori del Concilio"[15]

La costituzione del Segretariato si dimostrò di grande rilevanza nel risolvere le tensioni che il dialogo tra cristiani fece sorgere, man mano che procedevano i lavori. Nel dibattito in aula (26-29.11.1962) apparve con una certa chiarezza come la questione posta dall'ecumenismo fosse una questione ecclesiologica e che non poteva essere affrontata in modo disgiunto con le varie confessioni cristiane. Così i padri chiesero che fosse il Segretariato a farsi carico di una riproposizione del tema[16], in modo da poter superare un'empasse sia teologica che terminologica. L'approccio stesso doveva divenire "ecumenico" e non confessionale, a partire dal linguaggio che avrebbe dovuto farsi più biblico per superare le rigidità teologiche che l'uso secolare di alcune terminologie aveva generato.

Papa Paolo VI: gioia a noi negata

Le riflessioni su riportate appartengono tuttavia alla tappa successiva del concilio, quando alla guida non c'era più Papa Roncalli, ma Papa Montini. Questi, nel discorso

[14] La dura discussione sullo schema relativo alla Divina Rivelazione, in cui il problema del rapporto Scrittura-Tradizione toccava uno dei punti nevralgici della relazione tra Roma e le comunità nate dalla Riforma, fu risolta da Giovanni XXIII affidando al Segretariato il compito di stendere un nuovo testo.

[15] *Superno Dei nutu*, 5 giugno 1960. Va notata la scelta di istituire un "Segretariato" e non una Commissione al pari della altre 11. Ciò consentì infatti un'attiva partecipazione ai lavori del Concilio anche dei non cattolici i quali ne rilevarono l'importanza. Il Comitato centrale del Consiglio ecumenico delle Chiese affermò: "diviene ora possibile un dialogo con la Chiesa cattolica ... un'occasione da salutarsi con calore e da sfruttarsi, perché finalmente e in questo modo i veri problemi verranno alla luce"(Pattato, *o.c.*, p. 117.)

[16] Tre testi furono sottoposti allo studio dei padri già dalla prima sessione. Da parte della Commissione *De fide et moribus* il *De Oecumenismo*, da inserirsi nello schema *De ecclesia* (cap. XI); un altro da parte della Commissione *De Ecclesiis Orientalibus* (che, come tale, offriva una prospettiva connotata dalla situazione di queste comunità) *De Ecclesiae Unitate: ut omnes unum sint.* Un terzo testo era stato predisposto, ad opera del Segretariato, ma non era stato consegnato ai padri nell'autunno del 1962. Tuttavia la riflessione e i il dibattito portava la coscienza comune dei padri a percepire l'importanza di una trattazione non settoriale del problema e che il soggetto deputato all'approfondimento dovesse essere il Segretariato.

di apertura della seconda sessione affermò: “C’è un terzo scopo prefissato a questo Concilio dal Nostro Predecessore Giovanni XXIII, che va considerato assolutamente il più grave nel campo delle entità spirituali; alludiamo allo scopo che riguarda gli "altri cristiani", cioè a quelli che, pur credendo in Cristo, non possiamo - oh gioia a Noi negata! - includere tra coloro che sono congiunti a Noi dal vincolo della perfetta unità di Cristo. Questa unità, cui per sé essi dovrebbero partecipare in forza del Battesimo, può essere loro offerta dalla sola Chiesa cattolica, ed è da essi desiderata per la sua vincolante necessarietà”.

Chiedendosi cosa il Concilio dovesse pensare delle folle di fratelli separati che ormai da anni si impegnavano per ritrovare l’unità (impegno colpevolmente trascurato dalla Chiesa Cattolica) Paolo VI paragonava l’azione dei padri conciliari a quella del Buon Pastore: “Mentre chiama, conta, rinchiude nell’ovile di Cristo le pecore che lo costituiscono a titolo debito e giusto, il Concilio apre intanto le porte, alza la voce ed invita con trepidazione tante pecore di Cristo che non sono ancora racchiuse nei recinti dell’unico ovile. Perciò è proprio di questo Concilio aspettare, confidare, fare in modo che in avvenire molti con animo fraterno partecipino della sua vera ecumenicità”.

Siamo di fronte a quello che abbiamo definito “ecumenismo dell’ovile aperto”, una forma sicuramente imperfetta di impegno, ma che già lasciva cadere giudizi e chiusure e si poneva in aperta accoglienza del pluralismo. Rivolgendosi poi agli Osservatori delle altre confessioni affermava: “La Nostra voce trema, il Nostro cuore palpita, perché come la loro presente vicinanza Ci causa indicibile conforto e dolcissima speranza, così la loro diuturna separazione rattrista amaramente il Nostro animo”. E conclude: “ … piace a Noi, che siamo consci delle gravissime difficoltà che ancora si oppongono alla desideratissima unità, affermare che Noi riponiamo imploranti la Nostra fiducia in Dio. Per questo continueremo a rivolgergli preghiere e ad operare con tutte le forze per offrire una testimonianza più evidente di vita cristiana e di carità fraterna. Se poi il risultato non corrisponderà alla Nostra speranza ed attesa, ci ricorderemo di queste parole di Cristo, piene di conforto: "Ciò che è impossibile agli uomini, è possibile a Dio" (*Lc* 18,27).

Il Decreto UR fu approvato in due fasi: dal 5 all’8 ottobre 1964 ebbe luogo la discussione e l’approvazione, ma con la richiesta di introdurre alcune correzioni ("*placet iuxta modum*"). Dal 10 al 20 ottobre seguenti alcuni padri della "minoranza" non si dichiararono soddisfatti degli emendamenti apportati e si rivolsero a Papa Montini perché introducesse ulteriori correzioni; cosa che fu fatta dal Papa (con correzioni manuali) e destò non poco scontento per la modalità in cui avvenne, giudicata poco rispettosa della dinamica conciliare. Ad una analisi dettagliata degli interventi, tuttavia, non pare di poter notare se non alcune lievi restrizioni rispetto al significato del testo elaborato dal Segretariato[17]. Un intervento quindi, "diplomatico" di Papa Paolo VI? Agli storici la decisone, sicuramente una mediazione efficace, perché il testo fu definitivamente approvato il 21 novembre, come si diceva, con solo 11 voti contrari[18].

Una consegna per noi

L'azione dei due pontefici, congiunta a quella di tanti profeti dell'unità, ha trovato nelle pagine del Decreto conciliare anche delle codificazioni "vocazionali" che prendiamo brevemente in esame.

Nel proemio il Decreto UR si poneva su un piano squisitamente pastorale - illuminato dai contenuti dottrinali già esposti nella Costituzione sulla Chiesa e in quella sulla Divina Rivelazione - per fornire quei mezzi attraverso i quali ogni credente potesse rispondere alla vocazione all'unità.

Il termine vocazione ricompare al numero due, nel contesto della teologia paolina sul corpo di Cristo: "Innalzato poi sulla croce e glorificato, il Signore Gesù effuse lo Spirito promesso, per mezzo del quale chiamò e riunì nell'unità della fede, della speranza e della carità il popolo della Nuova Alleanza, che è la Chiesa, come insegna l'Apostolo: « Un solo corpo e un solo Spirito, come anche con la vostra vocazione siete stati chiamati a una sola speranza. Un solo Signore, una sola fede, un solo battesimo » (Ef 4,4-5). Poiché « quanti siete stati battezzati in Cristo, vi siete rivestiti di Cristo... Tutti voi siete uno in Cristo Gesù (Gal 3,27-28) » (UR 2).

[17] PATTARO, *o.c.*, pp. 128-130.

[18] Dovremmo a questo punto presentare lo storico incontro tra Paolo VI ed Athenagoras, ricordare l'abolizione delle scomuniche... Ci limitiamo a rimandare ad un Libro di affascinante lettura FLAMINIA MORANDI, *Olivier Clément, profeta dell'unità*, Paoline, Milano 2011.

Appare evidente come lo Spirito Santo sia il grande regista della chiamata all'unità e che essa si coniughi, in forma privilegiata, con la speranza. Docili all'azione dello Spirito, i discepoli di Cristo sono dei viandanti, incamminati verso una casa che non appartiene a nessuno, poichè è la gratuità dello Spirito che la edifica, nel seno del Padre, ed invita ad accedervi per un'unica porta: il Signore Gesù.

Il medesimo Spirito suscita nella Chiesa il desiderio di conversione e: "siccome ogni rinnovamento della Chiesa consiste essenzialmente in una fedeltà più grande alla sua vocazione, esso è senza dubbio la ragione del movimento verso l'unità. (UR 6). Il volto nuovo della Chiesa dipende dalla fedeltà alla chiamata e questa chiamata non può prescindere dalla ricerca dell'unità visibile. Per tre volte il numero 6 parla di "rinnovazione" e la vede già profeticamente attuata anche nelle nuove forme di vita religiosa, nella spiritualità del matrimonio, nell'apostolato dei laici. Sembra che si delinei una Chiesa tutta vocazionale, in cui la pluralità delle manifestazioni dello Spirito consente alla comunità di presentarsi con la ricchezza dei carismi di cui lo Spirito la abbellisce.

Al numero seguente il Decreto si sofferma sugli atteggiamenti interiori che devono caratterizzare la spiritualità di chi si converte alla novità dello Spirto: "Dobbiamo implorare dallo Spirito divino la grazia di una sincera abnegazione, dell'umiltà e della dolcezza nel servizio e della fraterna generosità di animo verso gli altri. « Vi scongiuro ... di camminare in modo degno della vocazione a cui siete stati chiamati, con ogni umiltà e dolcezza, con longanimità, sopportandovi l'un l'altro con amore, attenti a conservare l'unità dello spirito mediante il vincolo della pace» (Ef 4,1-3).

L'esortazione riguarda soprattutto quelli che sono stati innalzati al sacro ordine per continuare la missione di Cristo, il quale « non è venuto tra di noi per essere servito, ma per servire » (Mt 20,28). Il ministero presbiterale viene presentato, ultimo tra le vocazioni elencate, come suggello del cammino di conversione e di fedeltà alla chiamata che lo Spirito sta effondendo sulla Chiesa.

Potremmo vedere in questi cenni una pastorale della vocazione in chiave ecumenica. Essa può partire dalla riproposizione della grazia battesimale che il testo conciliare sull'ecumenismo sviluppa con abbondanza soprattutto negli articoli che riguardano le Chiese sorelle e le comunità nate dalla Riforma(20-23). Le celebrazioni dei 500 anni dell'esperienza luterano sono un dono condiviso perché le Chiese cristiane riconoscano quanto lo Spirito ha operato e opera. Nel significativo incontro di Lund avvenuto il 31 ottobre 2016 nel contesto della comune commemorazione della Riforma, ha affermato:

> Con gratitudine riconosciamo che la Riforma ha contribuito a dare maggiore centralità alla Sacra Scrittura nella vita della Chiesa. Attraverso l'ascolto comune della Parola di Dio nelle Scritture, il dialogo tra la Chiesa Cattolica e la Federazione Luterana Mondiale, di cui celebriamo il 50° anniversario, ha compiuto passi importanti. Chiediamo al Signore che la sua Parola ci mantenga uniti, perché essa è fonte di nutrimento e di vita; senza la sua ispirazione non possiamo fare nulla.
>
> L'esperienza spirituale di Martin Lutero ci interpella e ci ricorda che non possiamo fare nulla senza Dio. "Come posso avere un Dio misericordioso?". Questa è la domanda che costantemente tormentava Lutero. In effetti, la questione del giusto rapporto con Dio è la questione decisiva della vita. Come è noto, Lutero ha scoperto questo Dio misericordioso nella Buona Novella di Gesù Cristo incarnato, morto e risorto. Con il concetto di "solo per grazia divina", ci viene ricordato che Dio ha sempre l'iniziativa e che precede qualsiasi risposta umana, nel momento stesso in cui cerca di suscitare tale risposta. La dottrina della giustificazione, quindi, esprime l'essenza dell'esistenza umana di fronte a Dio.

Non possiamo qui presentare gli sviluppi e le battute d'arresto di questi 50 anni che ci separano dalla *Unitatis redintegratio*, ma invitiamo a tener presente, nella nostra azione pastorale, questa dimensione essenziale del servizio a cui il vangelo ci chiama, anche in ragione del sempre crescente numero di fratelli e sorelle - appartenenti ad altre confessioni - che sono venuti a dimorare nelle nostre città. L'attenzione dei giovani, capaci di intessere legami e curiosi di ciò che sapora di insolito, può essere volta verso il grande obiettivo del recupero dell'unità come scopo a cui dedicare tutta la vita.

CAPITOLO 4

UNA SICURA BUSSOLA PER ORIENTARCI NEL CAMMINO

«A Giubileo concluso – scriveva san Giovanni Paolo II al n. 57 della *Novo Millennio Ineunte* – sento più che mai il dovere di additare il Concilio, come *la grande grazia di cui la Chiesa ha beneficiato nel secolo XX*: in esso ci è offerta una sicura bussola per orientarci nel cammino del secolo che si apre».

Una bussola: teniamo questa immagine per proseguire la rivisitazione vocazionale dei testi, sempre senza addentrarci nelle problematiche dell'ermeneutica che lo stesso pontefice additava nel testo citato[19]. Una bussola che consenta di intercettare le strade sulle quali camminano i giovani ai quali desideriamo giunga il Vangelo, in tutta la sua freschezza.

Ci soffermiamo su alcuni aspetti della Costituzione dogmatica sulla Chiesa (LG), evidenziando la dimensione di popolo "scelto e inviato", popolo reso "uno e pluriforme" dalla ricchezza dello Spirito.

Una comunità che cammina

Tra le tante, ricchissime immagini con cui la *LG* ha dipinto la Chiesa e il suo mistero, quella più suggestiva, per le generazioni giovani all'epoca del Concilio, fu quella di popolo di Dio. Immagine poi offuscata da un certo sociologismo, ma indubbiamente carica di quella forza che il radicamento nella Parola le conferisce.

Commentando il n. 9 di *LG*[20] – che definisce tra le pagine più belle di tutto il

---

[19] «A mano a mano che passano gli anni, *quei testi non perdono il loro valore né il loro smalto*. È necessario che essi vengano letti in maniera appropriata, che vengano conosciuti e assimilati, come testi qualificati e normativi del Magistero, all'interno della Tradizione della Chiesa» (*NMI* 57).

[20] «(...) Questo popolo messianico ha per capo Cristo "dato a morte per i nostri peccati e risuscitato per la nostra giustificazione" (*Rm* 4,25), e che ora, dopo essersi acquistato un nome che è al di sopra di ogni altro nome, regna glorioso in cielo. Ha per condizione la dignità e la libertà dei figli di Dio, nel cuore dei quali dimora lo Spirito Santo come in un tempio. Ha per legge il nuovo precetto di amare come lo stesso Cristo ci ha amati (cf *Gv* 13,34). E finalmente, ha per fine il regno di Dio, incominciato in terra dallo stesso Dio, e che deve essere ulteriormente dilatato, finché alla fine dei secoli sia da lui portato a compimento, quando comparirà Cristo, vita nostra (cf *Col* 3,4) e "anche le

Concilio – il cardinal Martini scrisse:

«La descrizione è densissima, ricchissima e parla di ciò che siamo noi – Papa, preti, vescovi, suore, religiosi, laici, bambini, anziani, famiglie – noi siamo questa realtà, tutti uguali, tutti partecipi della stessa dignità, libertà, carità, missione. Questa pagina va quindi letta con ammirazione, evitando una lettura riduttiva. La lettura è riduttiva (o fatta con un occhio solo) se consideriamo descritto il popolo di Dio soltanto nel suo divenire storico, nella sua avventura temporale, nella sua vicenda sublunare, cioè come appiattito nella storia. Dobbiamo invece capire – come dice il testo – che il popolo di Dio ha per capo Cristo che regna glorioso in cielo. Ma il popolo di Dio non è limitato a noi che ora siamo qui. È tutta l'immensa moltitudine di coloro che si riferiscono a Cristo come Capo: quindi Maria, gli apostoli, i santi, tutta la Chiesa di tutti i tempi»[21].

Conscio del rischio di una visione riduttiva, l'arcivescovo di Milano invitava i propri giovani a contemplare l'unica Chiesa, ad avere uno sguardo largo per capire che il popolo di Dio «è popolo di Dio in cammino adesso e però noi siamo già parte della Chiesa celeste, anzi la Chiesa celeste sta già scendendo dal cielo nella storia e sta vivificando la storia»[22].

All'interno di queste coordinate è possibile tracciare un percorso vocazionale che entusiasmi anche i giovani di oggi, rendendoli protagonisti di un'avventura che dilata i loro orizzonti. Non si tratta di sentirsi depositari di un privilegio, ma custoditi da un'amicizia che rende solidali con ogni uomo, responsabili del destino di tutti, poiché la Chiesa «apparendo talora come un piccolo gregge, costituisce tuttavia per tutta l'umanità il germe più forte di unità, di speranza e di salvezza» (*LG* 9).

C'è consapevolezza di povertà e ricchezza, di forza e debolezza nell'affermazione

---

stesse creature saranno liberate dalla schiavitù della corruzione per partecipare alla gloriosa libertà dei figli di Dio" (*Rm* 8,21). Perciò il popolo messianico, pur non comprendendo effettivamente l'universalità degli uomini e apparendo talora come un piccolo gregge, costituisce tuttavia per tutta l'umanità il germe più forte di unità, di speranza e di salvezza. Costituito da Cristo per una comunione di vita, di carità e di verità, è pure da lui assunto ad essere strumento della redenzione di tutti e, quale luce del mondo e sale della terra (cf *Mt* 5,13-16), è inviato a tutto il mondo...».

[21] C.M. MARTINI, *Parole sulla Chiesa. Meditazioni sul Vaticano II*, Piemme, Milano 2003, p. 106.

[22] *ibidem*

conciliare. Se una tale consapevolezza diviene bussola per le nostre catechesi , esse si aprono contemporaneamente sul versante di Dio e dell'uomo. La Chiesa è *piccola* e quindi vicina a quel bisogno di appartenenza non generico, identificabile, riconoscibile, fatto di rapporti primari; è *gregge* e per questo bisognosa di pastore, non allo sbando, non senza meta, non priva di approdo; è *germe*, quindi depositaria di una forza nuova, non ripetitiva, non stantia; è *per tutta l'umanità*, se accoglie l'istanza di non fermarsi al già conosciuto, a chi abita l'uscio a fianco, ma anche a chi appartiene a mondi lontani; è *unità, speranza, salvezza*, in germe, sì, ma il germe *più forte* che preme nelle zolle della storia perché vi possano germinare i desideri più profondi che albergano in ogni persona.

L'orizzonte del cammino

La descrizione di *LG* 9, trova il naturale compimento nel capitolo VII, in cui la vocazione del popolo di Dio viene presentata a partire dal compimento dell'itinerario tracciato per lei da Dio.

Si legge in *LG* 48:

«La Chiesa, alla quale tutti siamo chiamati in Cristo Gesù e nella quale per mezzo della grazia di Dio acquistiamo la santità, non avrà il suo compimento se non nella gloria celeste, quando verrà il tempo in cui tutte le cose saranno rinnovate (cf *Ap* 3,21), e col genere umano anche tutto l'universo, il quale è intimamente congiunto con l'uomo e per mezzo di lui arriva al suo fine, troverà nel Cristo la sua definitiva perfezione (cf *Ef* 1,10; *Col* 1,20)».

La chiamata alla santità si attua poco a poco, nel ritmo del "già e non ancora" con cui tutto il n. 48 descrive il pellegrinaggio del popolo di Dio. Ritengo importante che la domanda sulla meta del nostro pellegrinare accompagni i percorsi formativi, poiché «la nuova condizione promessa e sperata è già incominciata con Cristo... continua nella Chiesa, nella quale siamo dalla fede istruiti anche sul senso della nostra vita temporale, mentre portiamo a termine... l'opera a noi affidata nel mondo dal Padre...».

Riappare in queste parole la domanda di senso, illuminata proprio a partire da quella dimora verso cui siamo incamminati e che stiamo già costruendo, insieme, mattone dopo mattone, nella città degli uomini.

Un'altra indicazione teologico-pastorale per i nostri itinerari è certamente costituita dal richiamo ai santi, «amici e coeredi di Gesù Cristo, nostri fratelli e insigni benefattori»:

«Il contemplare infatti la vita di coloro che hanno seguito fedelmente Cristo, è un motivo in più per sentirsi spinti a ricercare la città futura (cf *Eb* 13,14 e 11,10); nello stesso tempo impariamo la via sicurissima per la quale, tra le mutevoli cose del mondo e secondo lo stato e la condizione propria di ciascuno, potremo arrivare alla perfetta unione con Cristo, cioè alla santità. Nella vita di quelli che, sebbene partecipi della nostra natura umana, sono tuttavia più perfettamente trasformati nell'immagine di Cristo (cf *2Cor* 3,18), Dio manifesta agli uomini in una viva luce la sua presenza e il suo volto. In loro è egli stesso che ci parla e ci dà un segno del suo Regno verso il quale, avendo intorno a noi un tal nugolo di testimoni (cf *Eb* 12,1) e una tale affermazione della verità del Vangelo, siamo potentemente attirati» (*LG* 50).

«Impariamo la via... secondo lo stato e la condizione di ciascuno » per arrivare all'unione con Cristo, compimento della nostra vocazione. Ancora una volta la realtà di popolo in cammino viene presentata nella forma composita che caratterizza ogni comunità: sull'unica via, tanti amici di Gesù e nostri fratelli, hanno camminato e realizzato la personalissima chiamata alla santità ricevuta nel battesimo. Proporre l'amicizia con i santi può avere un sapore quasi *démodé,* ma la narrazione della vita e delle vite riesce a raggiungere l'intimo dei ragazzi e dei giovani più di quanto possiamo a prima vista pensare. Logicamente si tratta di saper narrare e di saper ricercare con serietà le fonti a cui attingere. Non il miracolistico va proposto, ma piuttosto il coraggio di una sequela che ha attraversato la storia con elementi costanti e diversi, quanto sincroniche e diacroniche sono le fasi della storia umana.

A tal proposito riprendiamo la già citata catechesi del cardinal Martini:

«Vengono alla mente le grandi intuizioni dei padri della Chiesa, di Ambrogio e di Agostino, di coloro che hanno vissuto la fede in questo luogo dove noi ora siamo in preghiera e in ascolto della medesima Parola. Perché essi riconoscevano che la chiesa che li aveva partoriti nel Battesimo – la Chiesa terrestre e visibile – era nello stesso tempo la Chiesa celeste, la Gerusalemme dall'alto, nostra madre. Agostino diceva: "Abitiamo fin da ora nella Gerusalemme celeste, il Regno di Dio già ha fatto la sua apparizione all'interno della storia e la pace è possibile"»[23].

Lo stile del popolo in cammino

Il paragrafo finale di *LG* 9 – da cui siamo partiti – diviene un'anticipazione di quanto più diffusamente compare nel capitolo VII, ma contemporaneamente sintetizza con forza la missione che il Signore affida al popolo che si è scelto:

«Dio ha convocato tutti coloro che guardano con fede a Gesù, autore della salvezza e principio di unità e di pace, e ne ha costituito la Chiesa, perché sia agli occhi di tutti e di ciascuno, il sacramento visibile di questa unità salvifica. Dovendosi essa estendere a tutta la terra, entra nella storia degli uomini, benché allo stesso tempo trascenda i tempi e i confini dei popoli, e nel suo cammino attraverso le tentazioni e le tribolazioni è sostenuta dalla forza della grazia di Dio che le è stata promessa dal Signore, affinché per la umana debolezza non venga meno alla perfetta fedeltà ma permanga degna sposa del suo Signore, e non cessi, con l'aiuto dello Spirito Santo, di rinnovare se stessa, finché attraverso la croce giunga alla luce che non conosce tramonto» (*LG* 9).

Così commenta Martini:

«La Chiesa è dentro ed è sopra, e il suo stile è quello di essere immersa e di essere più in alto: questo stile deve continuamente impregnare il nostro agire, il nostro parlare, dentro e sopra. Immersa e insieme con lo sguardo molto più lontano; dentro il tempo e già partecipe dell'eternità; dentro le emozioni, le sofferenze, le lotte e insieme nella pace di Dio, già partecipe della gioia e della pace che è nei cieli»[24].

In questa descrizione il popolo di Dio viene presentato come una comunità che cammina nella storia senza paura di contaminazioni. Per riprendere una formulazione rilanciata da G. Routhier[25], il Concilio ha fatto passare la Chiesa da un modello di "comunità delimitata" a quello di "comunità centrata". Cioè da un modello di gruppo

[23] *Ibidem.*

[24] *Ivi*, p. 107.

[25] GILLES ROUTHIER (1953) è professore di Ecclesiologia all'Université Laval (Québec) e all'Institut Catholique di Parigi. Si occupa in particolare del Vaticano II, della sua storia, recezione ed ermeneutica.

la cui identità è assicurata da un confine ermetico, tracciato da rigidi criteri di appartenenza; ad un gruppo la cui identità si costruisce tramite un'adesione personale forte, tale da mantenere coesione anche se i confini sono porosi e permettono la comunicazione con l'esterno[26].

La saggezza di un educatore si rivelerà nel sostenere la scelta di un'appartenenza cordiale e radicale a Cristo, poiché, mette in guardia Routhier, «se questo lavoro sui confini non è accompagnato da un lavoro di ricentramento in Cristo, può naturalmente condurre ad un terzo modello di Chiesa richiamato da P. Hiebert, la "comunità indefinita" o la comunità confusa. Non protetta da un confine né centrata su Colui che la raduna, questa comunità può perdere l'identità e la coesione... in ogni caso il rimedio non va cercato in un ritorno alla comunità delimitata, anche se di questo modello talvolta si ha nostalgia»[27].

Conclusione

All'interno del popolo messianico il Concilio descrive l'apparire, poco a poco, di una Donna, adombrata nelle pagine dell'Antico Testamento: una Vergine che primeggia tra gli umili e i poveri del Signore (*LG* 55). La Madre del Messia, la Madre di Gesù – descritta ripercorrendo i brani evangelici – ne condivide la vita: Gesù di Nazaret-Maria di Nazaret. Unita al Figlio, di cui ascolta nel silenzio la parola, cammina con lui, avanzando nella peregrinazione della fede, fino al Calvario, dove «amorosamente consenziente» si unisce all'offerta della vittima da lei generata (*LG* 57-58). Il Concilio ci offre un'immagine quasi sacerdotale di Maria, che congiunge il mistero dell'incarnazione e della passione[28].

Questa nostra sorella (come amava definirla Paolo VI) è al cuore di ogni itinerario vocazionale. Uno dei tratti della modernità della sua figura, tratteggiata nel Concilio,

---

[26] G. ROUTHIER, *Un Concilio per il XXI secolo. Il Vaticano II cinquant'anni dopo*, Vita e Pensiero. Milano 2013, p. 62.

[27] *Ivi*, p. 65.

[28] Per approfondire lo studio di Maria all'interno del corpus conciliare sono utili gli studi pubblicati in E. Toniolo (ed.), *Maria nel Concilio. Approfondimenti e percorsi. A 40 anni dalla Lumen Gentium,* Centro di cultura mariana Madre della Chiesa, Roma 2005.

è indubbiamente l'avanzare nella peregrinazione della fede[29]. Proprio la fatica a percepire le ragioni della fede, infatti, abita il cuore dei nostri giovani, che vanno sostenuti nella paziente ricerca della volontà di Dio per loro.

A loro possiamo additare Maria, premurosa come Madre che si prende cura del cammino dei fratelli del Figlio suo (*LG* 62) e «per la sua intima partecipazione alla storia della salvezza ... chiama i credenti al Figlio suo, al suo sacrificio e all'amore del Padre. (...) Nella sua opera apostolica la Chiesa giustamente guarda a colei che generò il Cristo, concepito dallo Spirito Santo e nato dalla Vergine per nascere e crescere anche nel cuore dei fedeli per mezzo della Chiesa. La Vergine infatti nella sua vita fu modello di quell'amore materno da cui devono essere animati tutti quelli che nella missione apostolica della Chiesa cooperano alla rigenerazione degli uomini » (*LG* 65).

[29]Questa espressione è frutto di una rinnovata visione della figura di Maria dal punto di vista antropologico e discepolare. Il pellegrinaggio della fede sarà il motivo dominante della prima parte dell'Enciclica *Redemptoris Mater* di di Giovanni Paolo II.

CAPITOLO 5

ECCO LA CHIESA CHE AMO

In questo capitolo cerchiamo di considerare vie e mezzi di santità quali la riflessione del Vaticano II ha offerto alla comunità credente. L'ottica scelta gioca sull'amore come vocazione della Chiesa e di ogni credente, e in tale luce vogliamo accogliere la professione di amore alla Chiesa che Paolo VI fece, verso il termine della propria esistenza, in quell'intensa pagina che è il suo "Pensiero alla morte":

> Prego pertanto il Signore che mi dia grazia di fare della mia prossima morte dono d'amore alla Chiesa. Potrei dire che sempre l'ho amata; fu il suo amore che mi trasse fuori dal mio gretto e selvatico egoismo e mi avviò al suo servizio; e che per essa, non per altro, mi pare d'aver vissuto. Ma vorrei che la Chiesa lo sapesse; e che io avessi la forza di dirglielo, come una confidenza del cuore, che solo all'estremo momento della vita si ha il coraggio di fare.
>
> Vorrei finalmente comprenderla tutta nella sua storia, nel suo disegno divino, nel suo destino finale, nella sua complessa, totale e unitaria composizione, nella sua umana e imperfetta consistenza, nelle sue sciagure e nelle sue sofferenze, nelle debolezze e nelle miserie di tanti suoi figli, nei suoi aspetti meno simpatici, e nel suo sforzo perenne di fedeltà, di amore, di perfezione e di carità. Corpo mistico di Cristo.
>
> Vorrei abbracciarla, salutarla, amarla, in ogni essere che la compone, in ogni Vescovo e sacerdote che la assiste e la guida, in ogni anima che la vive e la illustra; benedirla. Anche perché non la lascio, non esco da lei, ma più e meglio con essa mi unisco e mi confondo: la morte è un progresso nella comunione dei Santi.

Si resta colpiti dal flusso di sentimenti e affetti che dal cuore del Pontefice giungevano alla Chiesa e a noi, che nel tempo, ne facciamo parte. Flusso che la morte del beato Paolo VI non ha interrotto, perché: la morte è un progresso nella comunione dei santi. E per noi è un debito del cuore lasciare che anche i più giovani - che quelle pagine non conoscono – possano lasciar dire a papa Montini: Potrei dire che sempre l'ho amata … Ma vorrei che la Chiesa lo sapesse; e che io avessi la forza di dirglielo, come una confidenza del cuore.

Il dialogo interiore che traspare da queste righe può essere visto come l'esplicitazione di quel primo colloquio tra il pontefice appena eletto e la comunità lui affidata. Si era nel 1964, giorno della Trasfigurazione, giorno poi misteriosamente scelto dal Signore per chiamare a sé il suo servo fedele. Il Concilio aveva vissuto la sua prima sessione e si apprestava ad entrare nel vivo della riflessione sul mistero della Chiesa, e come discorso del cuore, interrogazione credente e orante, Paolo VI pubblicò la *Ecclesiam suam*, enciclica del dialogo, come subito venne battezzata. Enciclica di amore alla Chiesa nella sua storicità, nel suo esodo tra e con i figli dell'uomo.

Daniel Rops così la presentava sulle pagine de L'Osservatore romano: « È quell'amore, fondato su una lucida conoscenza che bagna visibilmente tutta l'Enciclica. La Chiesa del Cristo è chiamata ad agire hic et nunc, in un tempo, in date condizioni. La prima condizione per essere efficace è di mostrarsi aperta e irradiante. E anche di scartare da sé le scorie degli anni, le false apparenze, la «routine», che fanno schermo tra essa e gli uomini che la considerano: donde quell'immagine di una Chiesa povera, umile, infinitamente caritatevole, che Sua Santità Paolo VI propone in termini così commoventi. Poi questa messa a punto sull'«aggiornamento» e l'andare nel rispetto della verità incontro agli uomini con le mani tese, il cuore fraterno, senza farsi certamente illusioni sulle possibilità di stabilire immediatamente tutti i contatti, ma rimanendo sempre pronto a tutti i dialoghi».

Tenere presenti le sue pagine dà modo di entrare nella dinamica di vie e mezzi di santità, così come vengono delineati nel capitolo V della *Lumen Gentium*, particolarmente al numero 42, di cui ci occuperemo cercando di estrapolarne le costanti per un itinerario vocazionale.

Vie o Via di santità?

"Dio è amore e chi rimane nell'amore, rimane in Dio e Dio in lui" (1 Gv 4,16). Dio ha diffuso il suo amore nei nostri cuori per mezzo dello Spirito Santo, che ci fu dato (cfr. Rm 5,5): così apre il numero 42, all'interno del quale vengono ripetute citazioni dalla lettera e dal vangelo di Giovanni e da Paolo[30].

[30] Rm 13,10; cf Col 3,14; 1 Gv 3,16; Gv 15,13; 1 Cor 7,7; Fil 2,7-8; 2 Cor 8,9.

Senza addentrarci nell'esegesi dei testi, balza all'evidenza come l'insistenza delle pericopi citate porti il lettore a soffermarsi su ciò che costituisce la santità: un entrare nel dinamismo trinitario, sfociato nella esinanizione del Figlio; un lasciarsi intridere dallo Spirito fino a lasciare che sia Lui il principio unificante di tutta l'esistenza.

Riproponiamo un'espressione sintetica – più volte ripetuta da mons. Bruno Forte – per esplicitare il dinamismo che lega la Chiesa e la Trinità: La Chiesa è inseparabilmente la kènosi – cioè la consegna amorosa e umile – e lo splendore – cioè la partecipazione reale e vivificante – della Trinità nel tempo! Se la Chiesa è Kénosi e splendore della Trinità nel tempo, la vita del battezzato diviene, inseparabilmente, kènosi e splendore, poiché la carità di cui parla il Concilio è partecipazione della vita stessa di Dio: «perciò il dono primo e più necessario è la carità [...] il vero discepolo di Cristo è contrassegnato dalla carità verso Dio e verso il prossimo». (LG 42) Anche se non citato si potrebbe qui riprendere l'incipit dell'inno alla carità in 1Cor 12,31: vi mostro la via più sublime! Dunque si tratta dell'humus vitale trinitario quello in cui condurre a vivere, con azione pastorale e pedagogica, ogni cristiano, particolarmente ogni ragazzo e giovane che intraprenda il cammino di discernimento vocazionale.

Il seme cresca e nidifichi

Agape-carità-amore: questa la dignità e la vocazione della comunità chiamata Chiesa. Essa, giorno dopo giorno, si rende consapevole che l'amore che la abita viene da altrove, non l'ha meritato. Suo merito è riconoscerlo e lasciarlo crescere, come buon seme:

Ma perché la carità, come buon seme, cresca e nidifichi, ogni fedele deve ascoltare volentieri la parola di Dio e con l'aiuto della sua grazia compiere con le opere la sua volontà, partecipare frequentemente ai sacramenti, soprattutto all'eucaristia, e alle azioni liturgiche; applicarsi costantemente alla preghiera, all'abnegazione di se stesso, all'attivo servizio dei fratelli e all'esercizio di tutte le virtù.

La metafora del seme è più volte riproposta nei vangeli per parlare del Regno. Forse riferendosi alla parabola del granello di senape (Mt 13,31-32) che si sviluppa fino a divenire albero su cui gli uccelli possono fare il nido, i padri conciliari parlano di un seme che "nidifica", cosa di per sé improbabile. Forse, poiché il soggetto del nidificare è la carità, la metafora si riferisce piuttosto allo Spirito che fa il nido nel

cuore del credente. Certamente l'accostamento dei due verbi, l'uno esprimente dinamismo e l'altro quiete, possono indicare l'atteggiamento interiore di chi, abitato dal dono della carità, se ne lascia modificare accogliendone gli impulsi e i silenzi.
Se la carità è all'opera, il Concilio propone le vie perché si possa collaborare con la sua azione. Ne indica sette, intendendo in esse riproporre i mezzi importanti per ogni itinerario spirituale.

Ascoltare volentieri la parola di Dio

Numerosi sono i passi conciliari in cui la Parola di Dio e la sua forza sono evidenziate e raccomandate[31]. Sottolineiamo unicamente l'avverbio "volentieri" che sottintende un incontro amicale con Colui che nella Parola si intrattiene con noi come con amici, faccia a faccia. "Volentieri" dice anche una scelta meditata, voluta, divenuta costante abitudine del cuore. Se, come affermava san Girolamo: «l'ignoranza delle Scritture è ignoranza di Cristo»[32] leggere volentieri la Scrittura evidenzia anche la consapevolezza di un rapporto interpersonale che il credente può intrattenere con il proprio Maestro sedendosi ai suoi piedi per udirne la parola. Le numerose scuole della Parola, l'introduzione alla Lectio che in molte Chiese locali si è sviluppata trova in questa e simili raccomandazioni, il proprio inizio.

Compiere con le opere la sua volontà

Una sola è la volontà del Padre, quella che Gesù definisce "suo cibo" (Gv 4,34) e che diverrà così intima in lui da fargli dire « Io do la mia vita … e la do da me stesso. Questo è il comando che ho ricevuto dal Padre mio» (Gv 10,17-18). Nella logica pasquale della vita che si fa dono per rispondere alla volontà di salvezza del Padre, il Concilio afferma:

> Avendo Gesù, Figlio di Dio, manifestato la sua carità dando per noi la vita, nessuno ha più grande amore di colui che dà la vita per lui e per i fratelli (cfr. 1 Gv 3,16; Gv 15,13). Già fin dai primi tempi quindi, alcuni cristiani sono stati chiamati, e altri lo saranno sempre, a rendere questa massima testimonianza

[31] Rimandiamo particolarmente al capitolo VI di *Dei Verbum* in cui si sviluppa il tema della Scrittura nella vita della Chiesa.

[32] Cf. DV 25

> d'amore davanti agli uomini, e specialmente davanti ai persecutori. Perciò il martirio, col quale il discepolo è reso simile al suo maestro che liberamente accetta la morte per la salute del mondo, e col quale diventa simile a lui nella effusione del sangue, è stimato dalla Chiesa come dono insigne e suprema prova di carità. Ché se a pochi è concesso, tutti però devono essere pronti a confessare Cristo davanti agli uomini e a seguirlo sulla via della croce durante le persecuzioni, che non mancano mai alla Chiesa (LG 42).

Sembrava desueto il riferimento al martirio, legato ai primordi della Chiesa. Purtroppo il martirologio si allunga ogni giorno e la testimonianza fino all'effusione del sangue è esigenza per molti cristiani. Anche papa Francesco è più volte intervenuto su questo tema condannando la violenza ed esprimendo la propria apprensione e vicinanza:

> Con grande trepidazione seguo le drammatiche vicende dei cristiani che in varie parti del mondo sono perseguitati e uccisi a motivo del loro credo religioso. Sento il bisogno di esprimere la mia profonda vicinanza spirituale alle comunità cristiane duramente colpite da un'assurda violenza che non accenna a fermarsi, mentre incoraggio i Pastori e i fedeli tutti ad essere forti e saldi nella speranza"[33].

«Se non a tutti è concesso tutti devono essere pronti». L'imperativo "devono" rivolto a tutti interpella ciascuno di noi e ci chiede di misurarci con le esigenze estreme della fede. Invitare i giovani a conoscere la situazione in tanti paesi, a cogliere la provocazione dei testimoni, ad impegnarsi per la libertà religiosa evitando la deriva dell'integralismo intransigente o la tentazione dell'occhio per occhio è divenuto un orizzonte importante per i nostri percorsi formativi.

Partecipare frequentemente ai sacramenti e alle azioni liturgiche

Riconduciamo ancora tutto alla propria sorgente, a Cristo, poiché « Cristo è presente nelle azioni liturgiche … quando uno battezza è Cristo stesso che battezza» (SC 7). Invitare a prendere parte ai sacramenti significa, ancora una volta, additare il Signore Gesù che sta tra noi come il grande e santo sacerdote che ci rende capaci di fare a

[33] PAPA FRANCESCO, Angelus 9 novembre 2014

nostra volta, di tutta la vita, un sacrificio di lode. Papa Montini invitava a fissare lo sguardo dell'anima sul mistero della Chiesa per conseguire quei benefici spirituali di cui ha Chiesa ha bisogno, primariamente l'incontro con Cristo:

La presenza di Cristo, la vita stessa anzi di Lui si renderà operante nelle singole anime e nell'insieme del Corpo Mistico, mediante l'esercizio della fede viva e vivificante, secondo la menzionata parola dell'Apostolo: Cristo abiti per la fede nei vostri cuori. È infatti la coscienza del mistero della Chiesa un fatto di fede matura e vissuta. Essa produce nelle anime quel « senso della Chiesa », che pervade il cristiano cresciuto alla scuola della divina parola, alimentato dalla grazia dei sacramenti e dalle ineffabili ispirazioni del Paraclito, allenato alla pratica delle virtù evangeliche, imbevuto dalla cultura e dalla conversazione della comunità ecclesiastica, e profondamente lieto di sentirsi rivestito di quel regale sacerdozio, ch'è proprio del popolo di Dio. (ES 38)

Applicarsi costantemente alla preghiera

Come già affermato in SC 12 « la vita spirituale non si esaurisce nella partecipazione alla sola liturgia. Il cristiano infatti … è sempre invitato ad entrare nella sua stanza per pregare il Padre in segreto (Mt 6,6)». La preghiera cui si invitano i fedeli, come appare da molteplici testi del Vaticano II, resta tuttavia profondamente ancorata all'humus biblico e liturgico, tanto che anche i pii esercizi devono trarre dalla Liturgia ispirazione ed essere con lei in armonia[34].

Il verbo "applicarsi" viene implicitamente ripetuto per la preghiera, l'abnegazione, il servizio e l'esercizio delle virtù. Esso esprime la necessità di quella che potremmo definire una "Regola di vita" e che conferisce serietà e continuità nel cammino spirituale.

Applicarsi all'abnegazione di se stesso

Con un'insistenza tenace la LG ricentra su Cristo anche la necessità dell'abnegazione

[34] Paolo VI nel 1974 pubblicò l'esortazione apostolica *Marialis cultus* che si muove su questa linea e ripropone le priorità additate dal Concilio in un ambito così popolare e ricco di devozione qual è la pietà mariana. Si tratta di un documento illuminante a questo proposito e ricco di sottolineature pedagogiche per dar spessore biblico, antropologico ed ecumenico al culto alla Madre di Dio.

che è tutt'altro che mortificante per la dignità della persona:

La Chiesa ripensa anche al monito dell'Apostolo, il quale incitando i fedeli alla carità, li esorta ad avere in sé gli stessi sentimenti che furono in Cristo Gesù, il quale " spogliò se stesso, prendendo la natura di un servo... facendosi obbediente fino alla morte " (Fil 2,7-8), e per noi "da ricco che era si fece povero" (2 Cor 8,9).

Siamo di fronte alla necessità di rivestire Cristo, di lasciare che i suoi sentimenti plasmino i nostri, poiché la dinamica pasquale dello svuotamento-esaltazione è l'unica dinamica che il battesimo ha innescato in ogni credente. Essa appare più chiaramente nella scelta di alcuni:

L'imitazione e la testimonianza di questa carità e umiltà del Cristo si impongono ai discepoli in permanenza; per questo la Chiesa, nostra madre, si rallegra di trovare nel suo seno molti uomini e donne che seguono più da vicino questo annientamento del Salvatore e più chiaramente lo mostrano, abbracciando, nella libertà dei figli di Dio, la povertà e rinunziando alla propria volontà: essi cioè per amore di Dio, in ciò che riguarda la perfezione, si sottomettono a una creatura umana al di là della stretta misura del precetto, al fine di conformarsi più pienamente a Cristo obbediente[35]. (LG 42)

Applicarsi all'attivo servizio dei fratelli

Già nel numero 40 i padri conciliari avevano annodato saldamente pienezza della vita cristiana e carità con la promozione umana: «tutti coloro che credono nel Cristo ... sono chiamati alla pienezza della vita cristiana e alla perfezione della carità e che tale santità promuove nella stessa società terrena un tenore di vita più umano». La sottolineatura dell'efficacia intrastorica della santità sarà molto importante negli anni successivi all'evento conciliare, ripresa in vari modi nella teologia della speranza, in quella politica, in quella della liberazione. Esse hanno avuto l'effetto di mettere in primo piano la forza dirompente del vangelo, di interagire con la cultura di quegli

[35] In LG 42 i padri ripresentano i tre voti di castità-povertà-obbedienza dando più spazio al cuore povero che nasce in chi si lascia assimilare dai sentimenti stessi di Cristo.

anni, pur fra qualche eccesso[36]7; rivendicando per i credenti quella che veniva definita "riserva escatologica" e che indicava l'orizzonte dell'impegno nella storia che non si esaurisce in essa, ma ne affretta il compimento.

Commentando questi numeri di *Lumen gentium* il cardinal Martini scrisse con efficacia:

> La santità è nutrimento del mondo e senza di essa il mondo muore di fame, fame di significato. Senza la santità il mondo non saprebbe più per che cosa sia stato fatto, non saprebbe più che cosa deve fare. La santità alimenta e nutre il mondo diffondendo lo spirito delle beatitudini, lo spirito di mitezza, di povertà, di pace[37].

Applicarsi all'esercizio di tutte le virtù

Il numero 42 conclude affermando: «Tutti i fedeli del Cristo quindi sono invitati e tenuti a perseguire la santità e la perfezione del proprio stato». Come altrove argomentato più diffusamente, si ripropone la dottrina classica (che trova in san Francesco di Sales un saggio maestro) che la santità assume il volto dello "stato di vita". Oggi non ricorriamo più ad una tale locuzione, ma resta vero che altra è la modalità di vita di un monaco altra quella di un laico. Saper individuare e condurre le persone per la via in cui il Signore le chiama è arte difficile e preziosa. Essa richiede discernimento e docilità allo Spirito sia in chi offre un accompagnamento spirituale sia in chi lo accoglie.

L'ultimo accenno ripropone ancora la necessità di un cuore povero:

Perciò tutti si sforzino di dirigere rettamente i propri affetti, affinché dall'uso delle cose di questo mondo e da un attaccamento alle ricchezze contrario allo spirito della povertà evangelica non siano impediti di tendere alla carità perfetta; ammonisce infatti l'Apostolo: Quelli che usano di questo mondo, non vi ci si arrestino, perché passa la scena di questo mondo (cfr. 1 Cor 7,31 gr.).

---

[36] Le intemperanze di alcuni non possono togliere la graffiante efficace del messaggio della santità quale il Concilio ha voluto riproporre e che trovano nelle encicliche sociali di Paolo VI una autorevole e profetica ripresa magisteriale

[37] C. M. MARTINI, *Parole sulla Chiesa. Meditazioni sul Vaticano II,* Piemme, Casale Monferrato 1986, p. 93

È interessante sottolineare che i padri conciliari evidenziano la dinamica affettiva che sottostà alla scelta della povertà ed invitano a "dirigere gli affetti" tenendo presente che tutto passa. La dimensione escatologica che trova nel capitolo VII di LG il suo apice, è in realtà presente in tutto il documento e ne costituisce un po' la spina dorsale. D'altra parte non si capirebbe un impegno alla vita nello spirito così come è stata indicata, se essa non sfociasse nella pienezza di relazione con la Trinità da cui ha preso le mosse.

La carità tutto rinnova

Riprendiamo - come abbiamo aperto – la chiave di lettura che Paolo VI ci offrì nella sua prima enciclica *Ecclesiam suam* . Egli stesso la presentò indicando tre vie: coscienza, rinnovamento, dialogo:

> Le vie da noi indicate sono tre: la prima è spirituale; riguarda la coscienza che la Chiesa deve avere e deve alimentare su se stessa. La seconda è morale; e riguarda il rinnovamento ascetico, pratico, canonico di cui la Chiesa ha bisogno per essere conforme alla coscienza sopraddetta, per essere pura, per essere santa, per essere forte, per essere autentica. E la terza via è apostolica; e l'abbiamo designata col termine oggi in voga: il dialogo; riguarda cioè questa via il modo, l'arte, lo stile che la Chiesa deve infondere nella sua attività ministeriale nel concerto dissonante, volubile, complesso del mondo contemporaneo. Coscienza, rinnovamento, dialogo sono le tre vie che oggi si aprono dinanzi alla Chiesa viva e che formano i tre capitoli dell'Enciclica[38]

A leggere con attenzione ritroviamo, in queste tre vie indicate per tutta la Chiesa, una riproposizione di quanto in LG 42 viene proposto all'attenzione della vita spirituale di ogni cristiano. Coscienza (autocoscienza) rinnovamento, dialogo toccano le tre aree spirituale, morale e apostolica di cui abbiamo parlato.

Questa, dunque la Chiesa che amo. Quella che spezza con amore la Parola; che la ascolta per ritrovare in essa la propria identità; che sperimenta vie di ascolto dei linguaggi dell'uomo come raccomandava papa Montini: «Bisogna, ancor prima di parlare, ascoltare la voce, anzi il cuore dell'uomo; comprenderlo, e per quanto

[38] PAOLO VI, Udienza generale 5 agosto 1964.

possibile rispettarlo e dove lo merita assecondarlo. Bisogna farsi fratelli degli uomini nell'atto stesso che vogliamo essere loro pastori e padri e maestri. Il clima del dialogo è l'amicizia. Anzi il servizio» (ES 90).

Una Chiesa che non solo dialoga, ma si fa dialogo: «La Chiesa deve venire a dialogo col mondo in cui si trova a vivere. La Chiesa si fa parola; la Chiesa si fa messaggio; la Chiesa si fa colloquio» (ES 67).

La nostra riflessione si conclude non con un punto fermo, ma interrogativo. La domanda – di cui siamo invitati a condividere la riposta in quanto "membri del popolo fedele" – compendia e rilancia[39] la riflessione fin qui compiuta:

> Noi pensiamo, con i Nostri Predecessori, con la corona di Santi che l'età nostra ha dato alla Chiesa celeste e terrestre, e con l'istinto devoto del popolo fedele, che la carità debba oggi assumere il posto che le compete, il primo, il sommo, nella scala dei valori religiosi e morali, non solo nella teorica estimazione, ma altresì nella pratica attuazione della vita cristiana. Ciò sia detto della carità verso Dio, che la sua Carità riversò sopra di noi, come della carità che di riflesso noi dobbiamo effondere verso il nostro prossimo, vale a dire il genere umano. La carità tutto spiega. La carità tutto ispira. La carità tutto rende possibile. La carità tutto rinnova. La carità tollera tutto, crede tutto, spera tutto, tutto sopporta (1Cor 13). Chi di noi ignora queste cose? E se le sappiamo, non è forse questa l'ora della carità? (ES 58).

[39] «Noi siamo lieti e confortati osservando che un tale dialogo all'interno della Chiesa, e per l'esterno che la circonda, è già in atto: la Chiesa è viva oggi più che mai! Ma a ben considerare sembra che tutto ancora resti da fare; il lavoro comincia oggi e non finisce mai. È questa la legge del nostro pellegrinaggio sulla terra e nel tempo» (ES 121)

CAPITOLO 6

IL VOLTO DELLA FRATERNITÀ CON TUTTI GLI UOMINI E LE DONNE DELLA TERRA

"La Gaudium et spes mi è particolarmente cara." Così ne parlava papa Giovanni Paolo II, ricordando il lavoro da lui fatto come giovane vescovo, lavoro di studio, di mediazione, di orientamento tra molte ipotesi e domande.

Se il Vaticano II fosse una città e noi dovessimo trovare, con una piantina, dove è situata la Costituzione pastorale sulla Chiesa nel mondo contemporaneo (GS) dove potremmo cercarla? In un'ipotetica quadrettatura della mappa conciliare dapprima sarebbe in zona 17, poi 13. Infatti, all'inizio dei lavori conciliari, lo schema di studio della futura Costituzione era contrassegnato dal numero 17 (cioè ultimo testo, dopo altri 16, elaborati in vista dei lavori) e in seguito dal 13 (dopo che i testi – discussi - erano stati ridotti di numero). Tra le Costituzioni è sempre all'ultimo posto, forse perché ultima ad essere approvata proprio il giorno precedente la chiusura del Vaticano II, il 7 dicembre 1965. Forse perché del Concilio essa è già frutto: frutto ancora acerbo in certe sue espressioni, ma certamente indice di una stagione nuova per la Chiesa. Nella suddetta cartina potrebbe collocarsi al margine alto destro, come se si sporgesse fuori dalla mappa conciliare, presaga di una luce che ha nome "dialogo".

Un iter laborioso

Già nelle intenzioni di papa Giovanni XXIII il Concilio avrebbe dovuto focalizzarsi su due momenti della vita della Chiesa, *ad intra* e *ad extra:* la GS si situa sul versante esterno, facendo assumere alla Chiesa il volto della fraternità con tutti gli uomini e le donne della terra. Ma, per arrivare a questo, lungo era il cammino sia teologico che spirituale che i padri conciliari dovevano compiere, abituati ad abitare in una "città fortificata", diffidente verso il mondo, a cui spesso la Chiesa si rivolgeva con atteggiamento o trionfalistico o vittimistico. Tra il 1959 e il 1962, nelle risposte scritte alla prima consultazione vaticana, la netta maggioranza dei vescovi cattolici tradiva ancora una concezione del «mondo» come uno spiacevole incidente di percorso nel cammino verso «la piena realizzazione della Chiesa di Cristo», quindi da «combattere» e da «emendare» con una fitta serie di condanne. Nel 1965, invece, il Concilio dichiarò che la «comunità dei discepoli radunati da Cristo, condotti dallo Spirito nel loro pellegrinaggio verso il Regno del Padre», è «composta da uomini» e «si sperimenta realmente e intimamente solidale con il genere umano e con la sua storia» (GS 1). È perciò «dovere della Chiesa, scrutare i segni dei tempi e interpretarli alla luce del Vangelo (...). Bisogna infatti conoscere e comprendere il mondo in cui viviamo nonché le sue attese, le sue aspirazioni e la sua indole spesso drammatiche» (GS 4).[40]

A riprova della fatica compiuta, diversi furono gli schemi che si succedettero, fino a quello detto "di Ariccia", redatto dopo l'approvazione di massima avvenuta in aula nell'ottobre 1964, che costituì la base per il documento finale. Ariccia è la località nei pressi di Roma in cui, fra il gennaio e il febbraio 1965, si riunì la sottocommissione conciliare incaricata di stendere una proposta di schema per il testo finale della *Gaudium et spes*. Colpisce il numero e la rappresentatività dei presenti: 87 persone tra cui 30 vescovi, 40 teologi e 17 laici tra cui 6 donne (4 laiche e 2 religiose). Nonostante le dimensioni, tale era divenuta l'abitudine a procedere in assemblea, che i lavori proseguirono speditamente e fruttuosamente.[41]Ai lavori della commissione partecipò il giovane vescovo di Cracovia, che divenuto papa Giovanni Paolo II affermò, 30 anni più tardi: «Devo confessare che la *Gaudium et spes* mi è particolarmente cara, non solo per le tematiche che sviluppa, ma anche per la diretta partecipazione che mi è stato dato di avere alla sua elaborazione... Proprio l'intima conoscenza della genesi della *Gaudium et spes* mi ha consentito di apprezzarne a fondo il valore profetico e di assumerne ampiamente i contenuti nel mio magistero fin dalla prima Enciclica, la *Redemptor hominis*. In essa, raccogliendo l'eredità della

[40] Cf. G. ALBERIGO, *Breve storia del concilio Vaticano II*, Il Mulino, Bologna 2005, pp. 113-117.

[41] Cfr. G. TURBANTI, *Un Concilio per il mondo moderno*, Il Mulino, BO 2000. Il libro ricostruisce lo "Schema di Ariccia" mostra come la diversità dei retroterra consenta di cogliere la ricchezza delle riflessioni: lo «scontro» finale sullo schema generale del documento, ad esempio, fu fra l'impianto "francese" (Daniélou e Haubtmann), e lo schema dei vescovi polacchi, il cui portavoce era il giovane vescovo di Cracovia, Karol Wojtyla. Lo schema di Wojtyla prevedeva una prima parte che precisava le origini della Chiesa e le modalità che ne hanno fissato la presenza istituzionale sulla terra; da questi, ne derivava il compito, la modalità di presenza, gli insegnamenti e le azioni. Lo schema polacco risultò perdente, ma le note di Wojtyla lasciarono il segno.

Costituzione conciliare, volli ribadire che la natura e il destino dell'umanità e del mondo non possono essere definitivamente svelati se non alla luce del Cristo crocefisso e risorto[42]».

Non solo gioia e speranza: anche tristezze e angosce

Il testo della Costituzione è composito e non sempre armonico: tante le tematiche. Iniziamo dal titolo: Non *chiesa e mondo*, ma *chiesa nel mondo,* non quindi una di fronte all'altro, ma l'una nel flusso storico dell'altro, segnata dalla storicità che l'incarnazione ha impresso a tutta la vicenda salvifica. La definiamo *gaudium et spes*, ma non dobbiamo dimenticare che il testo prosegue con *tristezze e angosce:* tutta l'esperienza umana è luogo della solidarietà della chiesa con ogni uomo e ogni donna.

La Costituzione presenta una struttura bipartita che il Concilio stesso presenta alla nota 1 come "pastorale" *perché, basata sui principi dottrinali, intende esporre l'atteggiamento della Chiesa verso il mondo e gli uomini d'oggi. Non manca dunque né l'intento pastorale nella prima parte, né l'intento dottrinale nella seconda. Nella prima parte la Chiesa sviluppa la sua dottrina sull'uomo, sul mondo nel quale l'uomo é inserito e sul suo rapporto con queste realtà . Nella seconda considera più da vicino i diversi aspetti della vita odierna e della società umana.* Tali aspetti vengono definiti *contingenti* e affidati all'interpretazione della comunità che dovrà tener conto *delle mutevoli circostanze con la quale sono connessi.*

Cristo svela l'uomo all'uomo

Proponiamo solamente una chiave di lettura della complessa ed entusiasmante Costituzione, il n 22:

> *Cristo, che è il nuovo Adamo, proprio rivelando il mistero del Padre e del suo amore, svela pienamente l'uomo all'uomo e gli fa nota la sua altissima vocazione.*

È singolare notare come la tematica su Cristo acquisti specificità proprio quando la *Gaudium et Spe*s parla dell'uomo e delinea l'antropologia cristiana in dialogo-

[42] GIOVANNI PAOLO II, *Discorso 8 novembre 1995*, www.vatican.va

confronto con gli umanesimi contemporanei: "I tre capitoli su uomo-persona, uomo-comunità e uomo nel cosmo svelano alla fine della loro proposta antropologica un preciso riferimento a Cristo ... Con l'incarnazione il Figlio di Dio si è unito in certo modo ad ogni uomo (GS 22)[43]

Vorremmo solamente invitare a porsi in ascolto dei legami interiori tra persona, comunità, cosmo per poterne cogliere le implicanze vocazionali che affondano le radici nel mistero stesso del Padre che si consegna alla umana narrazione del Figlio. Non possiamo sottacere come la riflessione biblica, che fonda i testi della *Gaudium et Spes,* faccia emergere la visione unitaria del rapporto uomo-donna come "persona umana" e l'uguaglianza fondamentale fra i due. Proprio grazie anche all'apporto delle 23 donne uditrici il tema della donna non divenne una "questione isolata", ma fu vista all'interno della vocazione di ogni persona e di ogni battezzato che partecipa alla missione della Chiesa: "La fede tutto rischiara di una luce nuova e svela le intenzioni di Dio sulla vocazione integrale dell'uomo" (GS 11).

La prima volta: donne uditrici al Concilio[44]

Non tanti sanno che, tra le novità portate alla Chiesa dal Vaticano II, ci fu anche quella, prima volta nella sua storia millenaria, di consentire alle donne di partecipare, come uditrici, alle sedute conciliari. La scelta di Paolo VI di convocare alcune donne non poteva che essere interpretata come simbolica, come lui stesso disse, ad un gruppo di religiose in udienza a Castel Gandolfo[45]. Presenza simbolica, ma non passiva. Si legge nel verbale di un'udienza tra il sostituto alla Segreteria di Stato mons. Dell'Acqua e sr Baldinucci nel gennaio 1965: "La posizione di uditrice non deve essere intesa in senso passivo; essa impegna chi ne ha ricevuto il mandato a dare

---

[43] L. SARTORI, *La Chiesa nel mondo contemporaneo. Introduzione alla Gaudium et spes*, Ed. Messaggero, Padova1995, p.40.

[44] A. VALERIO, *Madri del Concilio. Ventitrè donne al Vaticano II*, Carrocci editore, Roma 2012. L'autrice riprende il modo scherzoso con cui le uditrici venivano chiamate: "madri del concilio" analogamente ai "padri conciliari". Per approfondire le tematiche in modo articolato si consiglia: M. PERRONI, A. MELLONI, S. NOCETI (Eds), *Tantum aurora est, donne e Concilio Vaticano II*, LIT, Zurigo 201.

[45] *Insegnamenti di Paolo VI* cit. in A. VALERIO, p.40. Le prime uditrici nominate, nel settembre 1964, sono 17 di cui 9 consacrate. Alla fine del Concilio saranno 23, di cui 10 consacrate.

un apporto di studio e di esperienza alle commissioni incaricate di rivedere e di emendare gli schemi in preparazione alla IV sessione del Concilio."

Non tutti i padri, tuttavia, condividevano una tale apertura. Racconta sr Tobin: "Vi erano tre categorie: una minoranza di "bravi ragazzi" che ha veramente apprezzato la nostra presenza e ha offerto in modo rispettoso il suo apporto. La maggioranza si è comportata con indifferenza. Alcuni apparivano spaventati ed hanno evitato anche di incontrarci. Taluni, poi, hanno chiaramente disapprovato il nostro essere là e ci hanno evitato del tutto[46]." Tuttavia le uditrici riuscirono a trovare i modi di farsi sentire ai padri conciliari, sia nelle commissioni che al di fuori di esse, in incontri informali. Nel saggio "Madri del Concilio" sono tracciati in modo sintetico e stringato i loro profili, che lasciano intravvedere di ciascuna lo spessore di personalità e la ricchezza di esperienza spirituale e umana, di competenze professionali e intellettuali e mette anche in luce contenuti, metodi, prospettive, iniziative da loro messe in atto per il bene della chiesa e del mondo.

Le 23 uditrici

La scelta delle donne-uditrici è avvenuta secondo precisi criteri, attinenti sia all'appartenenza a Istituti religiosi o Associazioni femminili internazionali; sia a piccoli Istituti individuati per la presenza in situazioni particolari, come le rappresentanti del Libano e dell'Egitto[47]. Non possiamo tacere la nomina dell'unica coppia presente: i messicani Maria Luz Lagoria e José Alvarez Icaza Manero, che parteciparono solo alla quarta sessione. È interessante e significativo notare il clima di collaborazione e di simpatia che si instaurò subito tra religiose e laiche che portò alla formazione di un gruppo di lavoro in comune. Tutte si sentivano anzitutto "donne" ed è a partire da questa specificità che studiarono le problematiche sulle

[46] Cfr. CATERINA CIRIELLO *Protagoniste silenziose di un cambiamento epocale. La vita consacrata femminile*, in M. PERRONI, A. MELLONI, S. NOCETI, *o.c.*, pp. 71-73.

[47] Madre Baldinucci, l'unica italiana, ha messo poi per iscritto le sue memorie in cui leggiamo: "Penso che questa spiritualissima avventura debba segnare qualcosa di profondamente rinnovatore anche per l'imponente schiera di religiose che in Concilio noi rappresentiamo, per tutte loro che lontane, silenziose e operose, sentono di essere della Chiesa, di vivere nella Chiesa, di lavorare per la Chiesa e, con la loro preghiera e parola, mantengono intorno al Concilio un clima di fede sincera".

quali poter intervenire ed offrire uno specifico contributo. L'apporto delle religiose fu particolarmente sensibile nella stesura del Decreto sulla vita religiosa (PC) ma, insieme alle laiche, offrirono indicazioni anche su tematiche liturgiche ed ecumeniche, economiche e politiche. Insieme offrirono anche un apporto significativo alla stesura sul Decreto dell'apostolato dei laici (AA) sostenendo la necessità di trattare congiuntamente (e non in articoli separati) l'apostolato di uomini e donne!

La competenza delle religiose fu riconosciuta soprattutto dall'episcopato francese. Fu il vescovo mons. Huyghe che fece notare i limiti dello schema sulla Vita Religiosa - poiché nelle Congregazioni generali alle donne non era concesso parlare - chiedendone (con altri padri) la modifica alla cui stesura chiese espressamente che fossero invitate le religiose perché "non si può ammettere che una legislazione riguardante le religiose sia elaborata solamente da uomini."[48] La stessa sorte silenziosa delle religiose capitò anche alle laiche, la cui punta di diamante, la spagnola Pilar Bellosillo, impegnata in 5 sottocommissioni della GS, fu per due volte proposta come portavoce dal gruppo degli uditori e per due volte sostituita da un uomo perché "le donne facciano silenzio nell'assemblea" si recitava con san Paolo[49]...

Il contributo delle uditrici

Il contributo delle uditrici fu intenso nell'elaborazione del documento più pastorale e aperto al dialogo con il mondo che produsse il Vaticano II: la Costituzione *Gaudium et Spes*. Nella commissione, accanto a Bellosillo, Goldie, Monnet e Vendrik, troviamo madre Guillemin e sr Tobin. Esse presero parte all'intenso lavoro svolto ad

---

[48] A. VALERIO, *cit.*, p. 77. Lo stesso Paolo VI, attraverso il sostituto segretario di stato mons. Dell'Acqua, farà giungere a madre Baldinucci la richiesta di coinvolgere le religiose allo scopo di porre all'attenzione del clero e dei vescovi l'importanza della presenza delle religiose nella chiesa. Fu così che, a Milano e a Roma, si tennero due importanti convegni con le superiore generali delle congregazioni italiane, nel febbraio 1965. Preparati da un questionario gli Atti di questi convegni costituirono un contributo importante per la definitiva stesura del *Perfectae caritatis*.

[49] Per la verità non tutti i padri erano di questo avviso. Intervistato il card. Albino Luciani (futuro Giovanni Paolo I) fece notare che san Paolo si riferiva alle donne di Corinto in quel preciso momento ….

Ariccia dal 31 gennaio al 6 febbraio 1965 in cui furono rielaborati i contributi offerti da padri ed esperti. La Chiesa che scruta i segni dei tempi, che si fa ascolto e condivide, che assume una prospettiva dinamica sulla persona ... rappresentava un capovolgimento culturale di portata enorme e ad esso non furono estranee le donne[50]. Tra le tematiche affrontate dalla Costituzione pastorale quella relativa al matrimonio trovò un decisivo contributo da parte della coppia messicana Luz Maria e José Alvarez Icaza. Già il loro stesso modo di porsi costituì un messaggio: essi aprirono la casa di Roma ad incontri informali ed essa divenne un vero punto di comunione e di scambio. Importantissima fu poi la reazione a caldo che Luz Maria espresse di fronte al testo sui *fini del matrimonio*: "Con tutto il rispetto vi dico, signori padri conciliari, che le vostre madri vi concepirono senza questo timore della concupiscenza." Molti furono i commenti in proposito, che suscitarono ampie riflessioni e sfociarono nel cambiamento fondamentale recepito dalla GS che pone l'accento sull'amore coniugale come espressione fisica dell'affetto tra gli sposi[51].

Al termine dell'esperienza conciliare Paolo VI incontrò le uditrici sottolineando la propria soddisfazione e gratitudine per il contributo offerto e donò loro un vangelo con l'impegno di portarlo nel mondo, unitamente alle indicazioni del Concilio. Anche se le donne non hanno parlato ufficialmente nel Concilio, praticamente lo hanno fatto in maniera molto eloquente e fruttuosa passando per la porta di servizio, con umiltà e saggezza, ma anche con tenacia e convinzione: "Noi volevamo essere ascoltate perché avevamo qualcosa da dire" affermò madre Chimy![52]
Si tratta di proseguire in una tale, determinata, saggezza.

---

[50]GS 12 afferma che l'essere umano, maschio e femmina, è immagine di Dio schierandosi contro ogni discriminazione sessuale, dopo aver riconosciuto al n° 9 che le donne rivendicano, là dove non l'hanno ancora raggiunta, la parità con gli uomini non solo di diritto ma anche di fatto.

[51] A. VALERIO, *o.c.*, pp. 129-132.

[52]Ivi, pp. 80. 100.

Capitolo 7

VOCE FACILE E AMICA

Chiudiamo la nostra breve lettura di alcune pagine del Vaticano II, lasciando la parola a Papa Paolo VI. Nel discorso pronunciato il 7 dicembre 1965 – recentemente ripreso da Papa Francesco nel corso dell'udienza ai pellegrini della diocesi di Brescia[53] – egli abbraccia il percorso compiuto dai Padri conciliari con uno sguardo contemplativo, con un procedere a tratti accorato, sempre appassionato:

> La Chiesa del Concilio, sì, si è assai occupata, oltre che di se stessa e del rapporto che a Dio la unisce, dell'uomo, dell'uomo quale oggi in realtà si presenta: l'uomo vivo, l'uomo tutto occupato di sé, l'uomo che si fa soltanto centro d'ogni interesse, ma osa dirsi principio e ragione d'ogni realtà. Tutto l'uomo fenomenico, cioè rivestito degli abiti delle sue innumerevoli apparenze; si è quasi drizzato davanti al consesso dei Padri conciliari, essi pure uomini, tutti Pastori e fratelli, attenti perciò e amorosi: l'uomo tragico dei suoi propri drammi, l'uomo superuomo di ieri e di oggi e perciò sempre fragile e falso, egoista e feroce; poi l'uomo infelice di sé, che ride e che piange; l'uomo versatile pronto a recitare qualsiasi parte, e l'uomo rigido cultore della sola realtà scientifica, e l'uomo com'è, che pensa, che ama, che lavora, che sempre attende qualcosa, il «*filius accrescens*» (*Gen* 49,22); e l'uomo sacro per l'innocenza della sua infanzia, per il mistero della sua povertà, per la pietà del suo dolore; l'uomo individualista e l'uomo sociale; l'uomo «*laudator temporis acti*» e l'uomo sognatore dell'avvenire; l'uomo peccatore e l'uomo santo; e così via.
>
> L'umanesimo laico profano alla fine è apparso nella terribile statura ed ha, in un certo senso, sfidato il Concilio. La religione del Dio che si è fatto Uomo s'è incontrata con la religione – perché tale è – dell'uomo che si fa Dio. Che cosa è avvenuto? Uno scontro, una lotta, un anatema? Poteva essere; ma non è avvenuto.
>
> L'antica storia del Samaritano è stata il paradigma della spiritualità del Concilio.
>
> Una simpatia immensa lo ha tutto pervaso. La scoperta dei bisogni umani (e tanto maggiori sono quanto più grande si fa il figlio della terra) ha assorbito l'attenzione

[53] 23 giugno 2013, www.avvenire.it

del nostro Sinodo. Dategli merito di questo almeno, voi umanisti moderni, rinunciatari alla trascendenza delle cose supreme, e riconoscerete il nostro nuovo umanesimo: anche noi, noi più di tutti, siamo i cultori dell'uomo[54].

1. Tempo degli eredi

Come consegnare ai giovani d'oggi una tale passione per l'uomo e per Dio? Senza "passione", infatti, non può esserci risposta alla vocazione.

Lo studioso del Concilio G. Routhier afferma che la tappa dei cinquant'anni ci fa entrare nel «tempo degli eredi»; tempo non semplice, come dimostra il fatto che, spesso, le aziende familiari non sopravvivono quando vengono prese in mano dagli eredi. Diverse possono essere le opzioni di fronte ad un'eredità. L'erede può dissiparla, perché ritiene l'eredità senza valore; può anche seppellirla e conservarla così com'è fino a pietrificarla e a renderla inerte. L'erede può anche rifiutare perché l'eredità è troppo pesante da portare, troppo impegnativa o troppo esigente e preferisce rompere con quanto gli viene offerto, che percepisce come limitante per la propria libertà. Ci può essere un quarto atteggiamento: la discussione tra eredi, sul senso da dare a ciò che viene trasmesso… così l'eredità sarà smembrata e gli eredi litigiosi presto avranno solo delle briciole da dividersi, non più un'eredità comune. Infine possiamo ricevere un'eredità e farla fruttare così che cinque talenti ne producano altri cinque…[55].

È intuitivo, nella carrellata di eredi tratteggiata da Routhier, vedere i diversi atteggiamenti che hanno caratterizzato e caratterizzano la ricezione del Concilio e la sua ermeneutica. A quale tipo di eredi appartengono i giovani con cui siamo in contatto? Come aiutarli a far fruttare il lascito conciliare in un'epoca così diversa da quella in cui il Concilio è stato celebrato?

Nel citato discorso di chiusura Paolo VI affermava:

«L'antica storia del Samaritano è stata il paradigma della spiritualità del Concilio.

[54] PAOLO VI, *Discorso ultima sessione pubblica del Vaticano II*, 7 dicembre 1965, www.vatican.va

[55] G. ROUTHIER, *Un Concilio per il XXI secolo. Il Vaticano II cinquant'anni dopo*, Vita e Pensiero, Milano 2013, VII.

Una simpatia immensa lo ha tutto pervaso. La scoperta dei bisogni umani (e tanto maggiori sono, quanto più grande si fa il figlio della terra) ha assorbito l'attenzione del nostro Sinodo».

«Simpatia immensa», cioè una condivisione affettuosa della storia, della grandezza e piccolezza dell'uomo, studiato «sotto la luce della divinità»; questi i tratti della spiritualità conciliare che devono informare il cuore del discepolo che fissa lo sguardo su ogni uomo considerato ne «l'eterno bifronte suo viso». Eppure – ribadisce Papa Montini – l'aspetto che ha attratto maggiormente l'attenzione dei padri conciliari è stata «l'arcana bellezza che segna il suo viso»:

«...bisogna riconoscere che questo Concilio, postosi a giudizio dell'uomo, si è soffermato ben più a questa faccia felice dell'uomo, che non a quella infelice. Il suo atteggiamento è stato molto e volutamente ottimista. Una corrente di affetto e di ammirazione si è riversata dal Concilio sul mondo umano moderno. Riprovati gli errori, sì; perché ciò esige la carità, non meno che la verità; ma per le persone solo richiamo, rispetto ed amore. Invece di deprimenti diagnosi, incoraggianti rimedi; invece di funesti presagi, messaggi di fiducia sono partiti dal Concilio verso il mondo contemporaneo: i suoi valori sono stati non solo rispettati, ma onorati, i suoi sforzi sostenuti, le sue aspirazioni purificate e benedette».

Il Concilio, ha scelto di avere un atteggiamento «molto e volutamente ottimista». Non, quindi, come qualcuno ha scritto, un ottimismo dettato semplicemente dalle felici contingenze storiche degli anni sessanta. Piuttosto uno sguardo che procede dall'alto, dalla luce delle fede. Non è forse di questo sguardo che hanno bisogno i giovani di oggi per spendersi nell'avventura del Vangelo? Noi educatori siamo debitori non solo della conoscenza dei testi, dei documenti, ma anche del modo di porre i problemi adottato dai padri conciliari:

«Se, senza trascurare il patrimonio dottrinale che il Concilio ci offre e senza mancare di conoscerlo e approfondirlo, lo si affronta a partire dalle questioni che hanno nutrito la riflessione dei Padri; se riflettiamo con loro e a modo loro sulle questioni che sono state all'origine del loro discorso; se il Concilio viene di nuovo colto come un insieme di intuizioni basilari e di idee creative di cui possiamo far tesoro oggi; se a nostra volta ritroviamo quello stato di invenzione in cui essi sono stati posti e che è alla fonte di ogni scienza, allora il Vaticano II può, cinquant'anni dopo, parlare a una nuova generazione e permetterle di entrare in un modo fruttuoso e fecondo nel mondo appassionato della teologia e nell'universo altrettanto appassionante del Concilio»[56].

2. Cose nuove e cose antiche

Come allo scriba del Vangelo (*Mt* 13,52), all'animatore/catechista è chiesto di saper attingere al tesoro del Concilio facendone risaltare le novità e il radicamento nella tradizione, ma soprattutto cercando di far interagire l'orizzonte dei giovani di oggi con le intuizioni e le provocazioni che le scelte conciliari hanno indicato per la Chiesa negli anni '60 del secolo scorso. A questo proposito Routhier fa notare la difficoltà di una tale operazione a causa del "conflitto generazionale" acuito dall'esperienza di vuoto religioso che i giovani – i pochi che scelgono di ritornare all'esperienza cristiana nella Chiesa – sperimentano:

«Per i giovani occidentali il Concilio appartiene al mondo dei *baby-boomers* che sono usciti dalla religione emancipandosi dalla religione dei padri. Ai loro occhi i *baby-boomers* non lasciano loro alcuna eredità cristiana. Così, se si sono convertiti in età giovanile, riscoprendo il cristianesimo e la Chiesa, sono tentati di assumere una posizione contraria rispetto a quella dei genitori. Il periodo conciliare è allora sentito come responsabile del vuoto spirituale che provano e della disfatta della Chiesa. La mia frequentazione dei giovani dell'università o altrove mi ricorda continuamente l'urgenza di pensare la ricezione del Vaticano II da parte di una nuova generazione»[57].

Una tale riflessione – per la verità più accentuata nel contesto francese dell'autore – interessa particolarmente per il discernimento vocazionale di quei giovani che chiedono di entrare nei seminari e nelle case di formazione. La recente conversione, non supportata dall'ambiente familiare e culturale, li porta ad avere un'identità insicura e bisognosa di posizioni nette, di convinzioni forti. «Il loro rapporto con il mondo e con gli altri, elemento centrale del Vaticano II, è così molto diverso da

[56] *Ivi*, VIII-XIV.

[57] *Ivi*, p. 20.

quello sviluppato dalla generazione conciliare».

Per questo:

«Si mettono alla ricerca di forme istituzionali ben stabilite, visibili e autorizzate, di pratiche stabili e codificate, di punti di riferimento chiari, dalle linee nitide e ben definite. La ricerca di un'identità cattolica chiaramente definita è il risultato della loro esperienza in una società tollerante che ha fatto loro vivere... un'incertezza sul piano delle convinzioni, una società pluralista dove sono posti di fronte, nella loro ricerca identitaria, a tradizioni religiose che non mancano né di visibilità né di certezza, che non hanno timore di affermarsi in modo a volte clamoroso, e si presentano con sicurezza a tutta prova»[58].

Giovanni Paolo II ha offerto una proposta chiara ai giovani che ha intercettato nel suo lungo pontificato e i giovani hanno sentito in lui una guida sicura, capace di dialogo senza scendere a compromessi.

Anche Papa Francesco sta iniziando ad avviare questo dialogo con i giovani proponendo un'esperienza di fede semplice, intuiva, evangelica, senza fronzoli; radicale nelle esigenze di povertà e coerenza. Rileggendo la figura di Paolo VI ha detto:

«Pensando a lui, mi limiterò a tre aspetti fondamentali che ci ha testimoniato e insegnato, lasciando che siano le sue appassionate parole ad illustrarli: l'amore a Cristo, l'amore alla Chiesa e l'amore all'uomo. Queste tre parole sono atteggiamenti fondamentali, ma anche appassionati di Paolo VI [...] Noi in questo tempo possiamo dire le stesse cose di Paolo VI: la Chiesa è l'ancella dell'uomo, la Chiesa crede in Cristo che è venuto nella carne e perciò serve l'uomo, ama l'uomo, crede nell'uomo. Questa è l'ispirazione del grande Paolo VI»[59].

«Noi, in questo tempo, possiamo dire le stesse cose di Paolo VI»: così Papa Francesco. Ai giovani che ci chiedono il senso e la speranza, possiamo indicare l'orizzonte aperto che il Vaticano II ha additato alla Chiesa, affinché non temano,

[58] *Ivi*, pp. 23.28

[59] PAPA FRANCESCO, 23 giugno 2013, www.avvenire.it

nella costruzione della propria identità, di entrare in dialogo con il mondo e con gli altri. Come i padri conciliari hanno scelto di posare sul mondo uno sguardo positivo, così i giovani di oggi possano essere sostenuti da quella voluta positività che sa inventare nuove vie di dialogo perché il Vangelo entri in contatto con ogni uomo.

Conclusione

Affidiamo la parola conclusiva ancora al magistero di Paolo VI, che riassume l'insegnamento conciliare nella parola "dialogo":

«Il magistero della Chiesa, pur non volendo pronunciarsi con sentenze dogmatiche straordinarie, ha profuso il suo autorevole insegnamento sopra una quantità di questioni, che oggi impegnano la coscienza e l'attività dell'uomo; è sceso, per così dire, a dialogo con lui; e, pur sempre conservando l'autorità e la virtù sue proprie, ha assunto la voce facile ed amica della carità pastorale; ha desiderato farsi ascoltare e comprendere da tutti; non si è rivolto soltanto all'intelligenza speculativa, ma ha cercato di esprimersi anche con lo stile della conversazione oggi ordinaria, alla quale il ricorso alla esperienza vissuta e l'impiego del sentimento cordiale dànno più attraente vivacità e maggiore forza persuasiva: ha parlato all'uomo d'oggi, qual è».

Voce facile e amica: auguriamo sia questa la voce di ogni animatore vocazionale, di ogni educatore, vicino ai giovani che incontra, lungo la via.

BIBLIOGRAFIA MINIMA

ALBERIGO G., *Breve storia del Concilio Vaticano II*, Il Mulino, Bologna 2005

MARTINI C.M., *Parole sulla Chiesa. Meditazioni sul Vaticano II*, Piemme, Milano 2005 (3ed.)

MILITELLO C., *Il sogno del Concilio*, EDB, Bologna 2010

PERRONI M., MELLONI A., NOCETI S.,(a cura di), *Tantum aurora est. Donne e Concilio Vaticano II*, LIT, Zurigo 2012

ROLANDI L. (a cura di) *Il futuro del Concilio,* Effatà, Torino 2012

G. ROUTHIER, *Un Concilio per il XXI secolo. Il Vaticano II cinquant'anni dopo*, Vita e Pensiero. Milano 2013

TURBANTI G., *Un Concilio per il mondo moderno*, Il Mulino, BO 2000

VALERIO A., *Madri del Concilio. Ventitrè donne al Vaticano II*, Carrocci editore, Roma 2012

Printed by Books on Demand GmbH, Norderstedt / Germany